现代多元教育理念引领下高校网球教学的优化改革研究

张 琦 ◎著

中国书籍出版社
China Book Press

图书在版编目(CIP)数据

现代多元教育理念引领下高校网球教学的优化改革研究 / 张琦著. -- 北京：中国书籍出版社，2024.10.
ISBN 978-7-5241-0053-9

Ⅰ.G845.2

中国国家版本馆CIP数据核字第2024LJ2584号

现代多元教育理念引领下高校网球教学的优化改革研究

张琦 著

丛书策划	谭 鹏 武 斌
责任编辑	李 新
责任印制	孙马飞 马 芝
封面设计	守正文化
出版发行	中国书籍出版社
地 址	北京市丰台区三路居路97号（邮编：100073）
电 话	（010）52257143（总编室） （010）52257140（发行部）
电子邮箱	eo@chinabp.com.cn
经 销	全国新华书店
印 厂	三河市德贤弘印务有限公司
开 本	710毫米×1000毫米 1/16
字 数	238千字
印 张	15
版 次	2025年5月第1版
印 次	2025年5月第1次印刷
书 号	ISBN 978-7-5241-0053-9
定 价	98.00元

版权所有 翻印必究

目　录

第一章　网球运动与高校网球教学　　　　　　　　　　　　1
　　第一节　网球运动的起源与发展　　　　　　　　　　　1
　　第二节　网球运动的特点与价值　　　　　　　　　　　7
　　第三节　高校网球教学的目的与任务　　　　　　　　　12
　　第四节　高校网球教学的原则与方法　　　　　　　　　14
　　第五节　高校网球文化建设　　　　　　　　　　　　　27

第二章　高校网球教学现状、问题与优化建议　　　　　　　39
　　第一节　高校网球教学的开展现状　　　　　　　　　　40
　　第二节　高校网球教学普遍存在的问题　　　　　　　　47
　　第三节　影响高校网球教学质量的主要因素　　　　　　51
　　第四节　高校网球教学的优化改革建议　　　　　　　　60

第三章　快易网球教学理念在高校网球教学中的应用与实施　66
　　第一节　快易网球的概念与特点　　　　　　　　　　　67
　　第二节　快易网球教学原则与方法　　　　　　　　　　70
　　第三节　快易网球在高校的推广价值与应用的可行性分析　76
　　第四节　推动高校快易网球发展的对策　　　　　　　　86

第四章　核心素养理念下高校网球教学改革与优化设计　91
第一节　核心素养与体育核心素养的内涵　92
第二节　核心素养理念引领下高校网球教学改革的思路　99
第三节　核心素养理念下高校网球教学的优化设计　105
第四节　大学生网球核心素养的培育　118

第五章　课程思政理念下高校网球教学改革及其课程思政建设　122
第一节　课程思政的科学解读　123
第二节　网球课程中思政元素的挖掘　131
第三节　课程思政理念下高校网球教学改革与优化路径　135
第四节　高校网球教学中融入课程思政的思路　139
第五节　高校网球课程思政建设　141

第六章　"互联网+教育"理念下高校网球教学优化及网络平台应用　148
第一节　"互联网+教育"的阐释　149
第二节　"互联网+教育"理念下高校网球教学的反思与优化　158
第三节　Sakai网络教学平台在高校网球教学中的科学应用　163
第四节　微信平台在高校网球教学中的有效应用　170
第五节　高校网球教学中线上线下混合教学模式的构建　176

第七章　高校网球技战术教学与效果优化研究　191
第一节　高校网球技术教学指导　192
第二节　高校网球战术教学指导　203
第三节　高校网球技战术教学效果的优化与提升策略　221

参考文献　229

第一章　网球运动与高校网球教学

被誉为"贵族运动"的网球运动集健康、休闲和时尚于一体，具有丰富的文化内涵、鲜明的运动特征和多元的功能价值。将网球运动引入高等院校，开展网球教学工作，对传播网球文化、普及网球运动、丰富高校体育教学内容、增进学生健康以及培养学生的综合素质具有重要意义。本章主要对网球运动基本知识与高校网球教学基础理论进行阐述，内容主要包括网球运动的起源与发展、特点与价值，高校网球教学的目的与任务、原则与方法，以及高校网球文化建设。

第一节　网球运动的起源与发展

一、网球运动的起源与发展

网球，这项优雅而激烈的体育运动，其起源可追溯至12—13世纪，地点为法国。它的起源颇为有趣，源自法国教堂内的一项古老游戏，参与者以手掌代替球拍，进行简朴却充满乐趣的击球竞技。这项活动被命名为"Tennis"，源自动词"tenez"，法语中意指"注意"，这是中世纪时球员在发球前的惯用语，充满了仪式感与互动性。约在14世纪中叶，网球从神圣的教堂殿堂跃入辉煌的皇家宫廷，这一转变得益于法国诗人的推广与赞誉。宫廷的接纳，不仅赋予了网球以贵族气息，也极大地促进了其规则与技巧的发展。从此，网球不再是简单的消遣，而演变成了一项彰显身份与风度的高尚运动。在那个时代，网球比赛中的球体构造颇为原始，由头发、布料和绳子手工编织而成，既体现了古人的智慧，也反映了运动器材的初级形态。比赛场地则以一根简单的绳索为界，双方选手运用灵活的双手巧妙地来回击球。

14世纪中叶，网球因法国王储赠予英国国王而跨海传播，成为宫廷内的高端消遣。英国君主对此极为倾心，特建网球场于宫闱之中，自此，网球作为"贵族运动"在英国贵族间蔚然成风，奠定了其高尚雅致的历史地位。

16至17世纪期间，网球在法国与英国的皇室圈内日益盛行，成为频繁举行的宫廷盛事。随着时间的推移，原本直接以手击球的传统玩法渐失新意，促使球拍技术的革新，皮质手套、板拍乃至木制球拍相继问世，引领了网球装备的初步转型。球场的界限也经历了演变，从单一的长绳进化为绳上悬挂多条垂直短绳，以精确判断球的过界情况，直至17世纪初，绳帘被小方格网替代，标志着网球场地设施的重大进步。与此同时，球拍的改进同步推进，穿线球拍的引入不仅增强了击球的控制力，也为球体材质的变革埋下了伏笔。早期，考虑到宫廷服饰的限制及活动范围，采用羊毛和麻混合制成的软球成为首选，其低弹力特性适应了当时的打球环境。但随着网球运动的普及和技术的发展，对灵活性和球速的需求日益增长，促使球体材料转向皮革填充锯末和细沙，提高了弹性和耐用度，且根据场地需求，黑、白两色的球面设计应运而生，分别适用于不同光照条件。此外，随着运动装备的轻量化、场地规模的扩大，以及球拍材质从木质到穿线结构的变化，对网球本身提出了更高的性能要求，进而催生了橡胶制网球的诞生，这发生在1845年，成为网球史上一个里程碑式的转折点。橡胶球的出现，极大提升了球的弹跳力和耐打性，为网球运动的技巧提升和竞技性增强奠定了基础，也预示着网球向现代形态的迈进。

网球运动的现代化历程是一个融合了创新、规则确立、国际交流与职

第一章　网球运动与高校网球教学

业化发展的精彩故事。19世纪中叶，哈利·梅姆在伯明翰建造的首个草地网球场及随后创立的网球俱乐部为这项运动播下了普及的种子。紧随其后的温菲尔德少校，通过出版指导手册和推广草地网球，为网球从贵族消遣转变为大众体育项目奠定了基础。1877年温布尔登锦标赛的创办，不仅标志着网球赛事的正规化，其沿用至今的规则体系也体现了这项运动的历史连续性。

进入20世纪，网球的国际影响力迅速扩展。法国锦标赛的设立、网球成为奥运会项目以及"戴维斯杯"的创立，不仅促进了各国间的竞技交流，还加深了网球作为国际体育语言的地位。随着国际网球联合会的成立，网球运动的管理开始走向系统化和国际化。技术层面，如"种子"制度的引入，优化了比赛的公平性与观赏性。

20世纪中后期，网球运动的职业化进程加速，戴维斯杯和联合会杯等团体赛事的举办，强化了团队精神与国家荣誉的概念。1968年"开放时代"的到来，打破了职业与业余选手间的壁垒，为网球运动的全球化与商业化开辟了道路。国际男子职业网球协会（ATP）和国际女子职业网球协会（WTA）的相继成立，更是保障了职业球员的权益，推动了网球赛事的繁荣与奖金的大幅提升。

自20世纪70年代以来，网球运动经历了前所未有的蓬勃增长，其主要原因可归纳为两点。

首先，顶尖赛事如温布尔登锦标赛向职业选手敞开大门，这一变革不仅模糊了职业与业余之间的界限，还显著提升了竞赛的激烈程度与观赏性。赛事氛围的升温，加上选手技艺的飞跃，成功吸引了大批网球爱好者的目光，促使观众群体急速扩张，为网球运动的普及与商业化进程注入强大动力。

其次，科技进步对网球装备的革新起到了决定性作用。现代科技的融入优化了球拍、球线乃至运动鞋的设计，极大增强了运动员的表现能力，催生了一批技术精湛的网球明星。这些技术改良不仅提升了比赛的竞技水平，也鼓励了更多年轻才俊投身网球事业，共同提高了整个运动的国际影响力与竞技水准。因此，职业网球的开放态度与科技辅助的双重驱动，成为20世纪70年代以来网球运动迅猛发展的核心引擎。

20世纪90年代，网球运动迈入了一个崭新的发展阶段，其进步与拓展体现在多个维度。

  首先，网球的全球普及率显著提高，国际网球联合会麾下的注册网球协会数量大幅增长，这不仅表明网球在世界各地日益广泛的接受度，也预示着网球文化与交流的深化。

  其次，网球竞技场上的比拼趋于白热化，高水平赛事频现，每一场对决都堪称技艺与意志的巅峰较量，极大地提升了观赛体验，吸引更多观众沉浸于网球的激情与美学之中。伴随此趋势，运动员的身体素质要求水涨船高，力量与速度成为决定胜负的关键要素。这一转变，部分归功于网球拍的科技创新，新型球拍的问世促使网球技巧趋向力量型与速度型发展，推动了比赛节奏的加快和竞技水平的飞跃。

  最后，网球赛事的商业化与职业化步入快车道，大赛奖金的增加充分体现了这一点，这不仅激励了运动员追求卓越，也促进了网球市场的繁荣和产业结构的优化。职业网球体系的不断完善，为运动员提供了更为广阔的职业发展空间，同时也为网球爱好者呈现了更高品质的赛事享受。

  总之，现代网球运动凭借其独特魅力与技术革新，吸引了广泛的关注与参与，无论是在专业竞技领域还是大众健身层面，都展现出了蓬勃的生命力与无限潜力。未来，网球运动无疑将继续在健身、竞技、科技与商业等多方面绽放光彩。

二、我国网球运动的发展历史

  大约在19世纪80年代中后期，网球这项源自海外的体育运动，伴随着传教士和商人的足迹，首先进入了中国的上海、广州等大都会。起初，网球主要在这些城市的外籍商人和传教士群体中流行，随后逐渐渗透到当地的教会学校中，成为学生活动的一部分。历史记载，1898年的上海圣约翰书院举办了中国网球史上的首场校园网球赛——斯坦豪斯杯赛，这一事件标志着网球在中国教育机构中的萌芽。进入20世纪初，网球运动的火种进一步扩散，北京、上海、广州、南京等大都市的多所学校纷纷举办校际网球比赛，这些赛事不仅加深了网球在校际间的交流与竞争，更重要的是，它们作为先行者，

第一章　网球运动与高校网球教学

极大地推动了网球运动在中国社会，尤其是青少年中的普及与推广，为网球文化在国内的生根发芽奠定了基础。

在20世纪二三十年代，网球运动在中国尚属小众，参与群体有限。1924年至1946年间，尽管中国六度参与戴维斯杯的角逐，无奈由于技术水平薄弱，屡战屡败，往往在赛事初期即遭淘汰，未能突破前两轮的门槛，更无缘名列前茅。这段时期的中国网球，明显滞后于国际水平，特点可概括为起步缓慢、基础薄弱及国际交流匮乏。

自中华人民共和国成立以来，我国网球运动逐渐步入正轨并展现出蓬勃生机。1953年，天津率先承办了包含网球在内的四项球类运动会，为网球运动在国内的普及与发展奠定了基础。两年后，1956年全国网球锦标赛的成功举办，标志着网球正式迈入国家级竞技舞台。此后，各类网球赛事如雨后春笋般涌现，包括全国网球等级联赛、全国硬地网球冠军赛以及针对青少年的专项比赛，这些赛事机制的建立与完善，对提升国内网球选手的专业技能和竞技状态起到了关键作用。

值得一提的是，1956年7月，我国网球史上的首次国际交流拉开序幕，印度尼西亚草地网球协会代表团的来访，不仅促进了两国体育文化的交流互鉴，还通过24场友谊赛的实际对抗，让中国网球运动员在实战中学习与成长。虽然最终战绩为主队8胜15负1平，略逊一筹，但这宝贵的国际交往经验，无疑为中国网球运动的后续发展注入了强心剂，开启了国际化视野，激发了运动员的斗志与潜能，为日后在国际赛场上争取荣誉铺垫了道路。

20世纪60年代，我国致力于拓宽网球外交，与超过30个国家及地区的网球交流活动蓬勃开展，旨在借鉴海外先进经验，提速本国网球运动发展。在此期间，我国积极参与全球重大网球赛事，成绩显著超越新中国成立初期，彰显出对外交往策略的有效性。而进入20世纪80年代，我国网球运动的飞跃尤为突出，不仅技术水平大幅提升，国际赛场上的身影也愈发活跃与自信。表1-1罗列了我国从20世纪60年代以来至今在一些重大网球比赛中取得的成绩。

表1-1　我国在国际网球比赛中获得的成绩（部分）[①]

时间	赛事	成绩
1959年	索波特国际网球赛	男双冠军（朱振华/梅福基）
1965年	索波特国际网球赛	女单冠军（戚凤娣）、亚军（徐润珍）
1986年	第10届汉城亚运会网球比赛	女单冠军（李心意）
1990年	第11届北京亚洲运动会网球比赛	男团冠军、男单冠军（潘兵）、男双冠军（夏嘉平/孟强华）
1991年	联合会杯网球团体赛	女子网球队获16强
2004年	雅典奥运会	女双冠军（李婷/孙甜甜）
2006年	澳大利亚网球公开赛 温布尔登网球锦标赛	女双冠军（郑洁/晏紫）
2011年	法国网球公开赛	女单冠军（李娜）
2014年	澳大利亚网球公开赛	女单冠军（李娜）
2018年	雅加达亚运会	女双冠军（徐一璠/杨钊煊）
2022年	美国网球公开赛	男单第三轮（吴易昺），创造了中华人民共和国成立以来男子选手在大满贯赛事的最好成绩
2024年	澳大利亚网球公开赛	女单亚军（郑钦文）

　　我国网球运动的发展成就远不止于国际赛场的精彩表现。近年来，网球已成为跨越社会各阶层的热门运动，参与者基数持续扩大，从普通爱好者到专业运动员，涵盖广泛。专业运动员注册数量的增长，反映了网球项目在国内的规范化与专业化水平提升。此外，众多高等教育机构将网球纳入体育课程，不仅培养了学生对网球的兴趣，也为网球运动挖掘和输送了潜在人才，进一步巩固了网球运动的社会基础和未来发展潜力。这些变化综合体现了我国网球运动在普及程度、人才培养体系及社会认知上的深刻变革与显著进步，为网球运动的长远发展铺设了坚实的基础，着实令人振奋与鼓舞。

---

① 郭开强，蒲娟，张小娥. 网球教学[M]. 北京：科学出版社，2016：48.

第二节 网球运动的特点与价值

一、网球运动的特点

（一）运动形式的休闲性

随着生活水平节节攀升，公众对生活质量的追求日益精细，闲暇时的娱乐活动也寻求更多元化的体验。网球运动凭借其独特魅力，吸引了大批爱好者。它不仅是体力的挑战，更是智力的博弈，要求球员在技巧提升上不断探索，并在比赛中灵活运用战术，保持身心协调。近年来，参与网球的人数急剧上升，该运动已成为集锻炼、放松于一体的理想休闲方式，让人们在快节奏的生活工作中释放压力，放松身心。

（二）适应群体的广泛性

网球，与高尔夫、保龄球、台球被共誉为"世界四大绅士运动"，凭借其独有的吸引力，赢得了全球广泛爱好者的青睐。这项运动以其超长的可参与年龄跨度、无限的乐趣性及强大的健身效果，成为跨越年龄与性别的全民活动。无论老少，也不分男女，皆能在网球场上寻获属于自己的快乐，既锻炼身体又愉悦心灵。

（三）场地器材的限制性

相较于其他体育项目，网球因其场地建设与维护成本偏高，以及对场地标准的严格要求，而在发展中国家的普及面临一定障碍。尤其是在教育资源和社区设施的配置上，网球场的稀缺成为常态，很大程度上制约了民众参与网球运动的热情与机会。然而，随着经济的持续稳健增长，以及全民健康意识的显著提升，网球场地设施的建设与改进逐渐被提上日程，并在多种力量的驱动下显现出积极变化。不同地区依据自身发展状况，纷纷加大对网球基础设施的投资力度，采用更为经济高效的建造技术和材料，力求在保证质量的同时降低成本。此外，政策引导下的公共体育资源开放共享，如限时免费或优惠使用网球场等措施，进一步降低了民众参与网球运动的门槛。

（四）运动量的可控性

网球运动的一大魅力在于其广泛的包容性，对参与者的体能门槛设定相对较低，运动强度可灵活调节，适应不同健康状况与年龄层次的需求。球拍、球线及网球本身的弹性设计，为打球者提供了自然的助力，使他们可以根据个人体能与技能水平，自由调整击球策略，无论是轻柔的控球还是有力的抽击，都能在确保运动安全的同时享受网球带来的乐趣。

（五）自然环境的影响性

网球运动因其本质上的户外特性，经常在露天网球场举行，故自然环境因素，特别是天气变化，对比赛的安排和进程产生较大影响。诸如四大满贯之一的温布尔登网球锦标赛，常因雨天等天气原因不得不调整或推迟赛程，类似情况在各大师杯巡回赛的诸多站点中亦不鲜见。这表明，户外网球比赛在享受自然光线和开阔空间的同时，也不得不面对由自然条件带来的不确定性与挑战。

（六）比赛时长的不可控性

不论是在职业网坛的激烈对抗，还是业余比赛的友好切磋中，选手间势均力敌的较量经常使得比赛结果悬念丛生，难以预估，进而导致比赛时间难以精确把控。以大满贯为例，男子赛事采取五盘三胜制，女子则是三盘两胜，这意味着男子单场比赛通常会持续3到5个小时，甚至更久。在这样的顶级赛事中,因比赛耗时过长,常有比赛被迫中断,延至次日继续,尤其在夜幕降临之后,此类情形更不罕见。

为应对这一挑战,现今不少业余赛事与较低级别的职业赛事已采纳了"平分无占先"即金球制的赛制革新,这一改变有效缩短了比赛时长,提高了赛事的观赏性。

(七)职业比赛的可观赏性

随着网球赛制与赛程安排趋于科学化、规范化,以及场地设施与器材的持续创新,职业网球赛事不仅数量增多,质量也显著提升,运动员的技术水平随之迈上了新台阶,为观众呈现了一场场精彩绝伦的比赛。与此同时,电视转播技术的飞速发展,通过高清画质、多角度镜头切换与即时数据分析等功能,极大地增强了观看体验。

(八)球员的独立特性

网球作为一项个人对抗性项目,其比赛规则强调了运动员的独立决策与自我调整能力。不同于足球、篮球等团队项目中教练可以随时叫暂停并布置战术,网球比赛中,从比赛开始到结束,教练除了一些特定情况外,如WTA巡回赛中的指定时刻可申请教练进场指导外,大多数情况下,包括所有大满贯赛事,均禁止任何形式的现场指导,即便是非言语的信号,比如打手势,也是不被允许的。这一规则不仅考验了球员的技术水平,更考验了他们的心理承受力、策略规划以及临场应变能力。球员必须在没有外界直接帮助的情况下,自行调整比赛策略,应对对手的变化,管理比赛节奏和情绪状态。这种"孤独的战斗"是网球运动的一大特色,也是其魅力所在,它要求运动员成为自己最好的教练,在场上瞬息万变的情况下做出最佳判断。

二、网球运动的价值

（一）健身价值

网球运动以其广泛的适应性，成为一项跨越年龄、性别界限的全民运动。无论是儿童初学者探索球感，还是老年爱好者享受运动乐趣，乃至专业运动员追求卓越，网球都能提供相应的锻炼方式，适应不同个体的身体条件，前提是参与者需根据自身实际情况合理安排训练强度。

科学参与网球不仅能够焕发个人的生命活力，增强体质，帮助塑造良好的体型，而且对提升精神状态、增强精力、促进积极乐观的心态具有显著作用。这项隔网对抗的运动，以其文明、优雅的竞争方式，无形中培养了参与者的绅士风度与高雅气质，同时也是社交互动的良好平台，有助于拓宽社交圈，加深友谊。

在网球比赛中，频繁的挥拍动作对增强手臂力量至关重要，它直接关联到击球的力度与控制。同时，比赛中的快速移动和对球的敏捷反应，要求运动员具备出色的速度、灵敏性和持久的耐力。这些高强度的运动要素，既是网球竞技表现的基础，也是通过持续练习得以加强的身体素质。网球运动因此成为促进力量、速度、耐力及灵敏性均衡发展的高效途径，全面提升了个人的身体素质。

（二）美学价值

网球运动的美学价值确实丰富多元，不仅限于视觉上的享受，而且更深层次地触及心灵与精神层面，具体体现在以下四个方面。

1.力量美

网球运动展现了人类身体潜能的极限，特别是在高速发球、强力抽击等瞬间，运动员的力量与技巧完美融合，展现出一种震撼人心的力量美感。这种美不仅仅是肌肉的展示，更是运动员内在决心与毅力的外化，激励着每一个观赛者，传递出勇于挑战、不懈奋斗的精神风貌。

2.形态美、动感美

网球运动员的身形通常符合美学的黄金比例,结合运动中流畅的动作,形成了一幅幅活生生的艺术画面。他们的每一次跑动、跳跃、击球,都如同精心编排的舞蹈,动静之间展现出生命的活力与协调之美。这种动态美超越了静态形式,体现了人体运动的极致和谐,是大自然赋予人类的独特魅力。

3.人格美

在网球赛场上,运动员的高尚品格和职业精神同样闪耀着美的光芒。他们面对逆境时的坚韧不拔,对公平竞赛原则的坚守,以及相互之间的尊重,都是人格魅力的体现。这些正面形象不仅丰富了网球运动的文化内涵,也成为社会美德的传播者,激励着人们在生活中追求更高的道德境界。

4.智慧美

网球不仅是体力的较量,更是智力的博弈。优秀的网球运动员能够在比赛中迅速分析对手策略,灵活调整自己的战术,利用策略与技巧克敌制胜。这种智慧之美体现在对比赛节奏的掌控、对机会的精准把握以及临场应变的能力上,展现了运动员思维的敏锐与深度,使得网球比赛成为一场场精彩的智力对决。

(三)经济价值

在众多工业化先进国家中,体育娱乐产业已赫然崛起为国民经济的中坚支柱,其影响力不容小觑,彰显了在国家发展蓝图中的关键角色。对比之下,我国体育消费水平虽有显著提升,但仍需时日以追赶上工业化社会的成熟模型。从宏大的视角审视,体育作为经济增长的新动力虽潜力巨大,但若想短期内显著提速经济列车,则面临一条漫漫长路。

社会学的视野下,当个体的经济基础相近时,其价值观念、生活哲学乃至行为模式,很大程度上受教育背景的塑造。这些内在导向继而指引着个人对资源的分配及休闲活动的选择。体育运动的价值远超于简单的体能锻炼,它在潜移默化中塑造人的自信心、竞争意识,促进人的全面发展,实现物质与精神世界的和谐共生,这正是体育经济价值的隐形体现,虽不易直观量化，却蕴含着推动体育事业持续繁荣与社会经济双丰收的无穷潜力。

网球运动，作为一项高雅的体育项目，其经济价值在各类赛事中尤为凸显。观众基于个人喜好与经济能力购票观赛，赞助商则因品牌曝光的潜在回报慷慨解囊，直接经济效益显著。此外，赛事衍生的收入渠道多样，如彩票销售、电视转播权交易、纪念品热销等，构成直接经济贡献。而间接效应同样显著，如促进电信通信、交通运输、旅游服务及餐饮行业的繁荣，形成连锁经济效益。更重要的是，建立网球组织、网球俱乐部运营及培训课程的开设，不仅丰富了体育市场生态，更有效促进了社会就业，彰显了网球运动在社会层面的积极贡献。

第三节　高校网球教学的目的与任务

网球教学是一个系统而全面的教育实践活动，它围绕特定的教学目的和计划展开，紧密贴合学生的生理与心理特点，旨在通过科学合理的教学方法与手段，达成预期目标。网球教学的主要目的与任务包括以下几方面。

一、增强体质

网球运动作为一项集速度、变数与技巧于一体的综合性项目，对参与者的身体条件提出了较高要求，如良好的协调性、灵敏反应、瞬间爆发力及持久耐力等。通过网球教学活动，不仅能够有效激活学生的身心状态，助力其健康成长，促进生理机能的全面提升，增强体质，还为学生掌握网球技术和战术提供了必要的体质支持。因此，致力于提升学生的身体协调性、灵敏度、力量强度、速度能力和耐力水平，是网球教学中不可或缺的重要目标与核心任务。

二、掌握网球理论知识和技战术

网球教学体系涵盖了理论教育、技术训练与战术运用三大核心板块，形成一个密不可分、相互促进的知识与技能体系。在这一过程中，理论学习是掌握技术与战术的基础，帮助学生理解运动背后的科学原理和比赛规则，是指导实践操作的理论灯塔。技术动作的熟练掌握，则为战术实施提供了必要的执行工具，是战术意图能够有效转化为赛场行动的前提。而战术策略的灵活运用，则是在技术基础之上的更高层次要求，它要求学生能够根据不同对手和比赛情境，合理分配体能和运用技术，以达到最佳竞技效果。因此，在网球教学实践中，教师需确保学生在这三个维度上均衡发展，既要有扎实的理论功底以指导实践，又要在技术和战术训练上投入同等精力，三者相辅相成，共同促进学生综合能力的提升。

三、培养意志品质

在网球教学中，培养学生的意志品质是一项至关重要的目的与任务，它不仅关乎学生的运动表现，更影响其个性发展与社会适应能力。通过网球教学来培养学生意志品质的具体方法如下。

（1）设定目标与挑战自我。鼓励学生设定短期与长期的网球技能目标，如提升发球准确率、增强底线对攻能力等。通过不断地追求目标，学生会在面对挑战时学会坚持不懈，即使遭遇失败也能从中吸取教训，重新站起来。

（2）双打合作与团队精神。虽然网球常被视为个人项目，但双打比赛强调合作与默契，要求学生学会沟通、信任队友，并在共同面对对手时展现团队合作精神。在团队协作中，学生会体会到共同努力达成目标的重要性，增强集体荣誉感。

（3）应对比赛压力。比赛是检验训练成果的试金石，也是锻炼意志力的最佳场合。通过模拟比赛、参与校内外竞赛，学生在紧张激烈的氛围中学会控制情绪、保持冷静，提升抗压能力，这对培养坚韧不拔的意志品质至关重要。

（4）反思与自我调整。在每次训练和比赛后，引导学生进行自我反思，评估表现，识别优点与不足。通过自我反馈机制，学生能学会如何在失败中寻找成长的机会，培养积极向上的态度和不断进步的决心。

（5）榜样示范与激励。教练和优秀运动员的言行对学生具有深远影响。通过分享运动员克服困难、永不放弃的故事，激发学生的内在动力，让学生理解成功背后所需的毅力与付出。

（6）持续训练与习惯养成。定期且有规律地训练能够帮助学生形成良好的自律习惯，认识到持之以恒的重要性。坚持不懈的训练不仅能提升技术水平，而且能够在日积月累中磨练出坚定的意志力。

四、培养正确的世界观

网球教学不仅是技术与体能的培育，更是全面育人的重要环节。它寓含政治思想、道德情操及集体主义教育，利用网球运动独有的挑战性，磨练学生意志，培育自主思考能力。同时，强调组织纪律性，培养学生综合素质，实现全面发展的人才培养目标。

第四节　高校网球教学的原则与方法

一、高校网球教学的原则

（一）直观性原则

直观教学在网球教学中的应用，旨在通过激活学生的视觉、听觉等多种感官通道，深化他们对网球技能的理解与掌握。这种方法促使学生通过观察、模仿和实践，直观感受技术动作的精髓，从而加速学习进程。

贯彻直观教学原则时需注意以下两点。

1.明确观察重点

教学中，教师需事先指明观察的关键要素，如发球时的手臂动作与协调性，或截击时的击球点与拍面控制，帮助学生有的放矢，集中注意力于技术细节，提高学习效率。

2.讲解与示范并重

结合精确的语言描述与示范，能使技术动作讲解更加直观易懂。生动的比喻，如将正手击球的协调发力比拟为"泼水"，能够引起学生的共鸣，使抽象的动作概念变得具体可感，促进学生对技术动作的掌握。

（二）循序渐进原则

在网球技能教学过程中，遵循由简至繁、循序渐进的原则至关重要，确保知识与技能的逐步积累与巩固。贯彻此原则时应注意以下几个关键点。

1.教学内容的梯度设计

课程内容应精心规划，从最基础、最容易掌握的内容起步，逐步过渡到更复杂的技术。例如，技术训练通常始于正手击球，随后扩展至反手、截击、发球直至高压球等高级技术。同时，单个技术内部的练习也应遵循从单一到复合的路径，如从单独练习到多人配合，从慢节奏到快节奏，从直线球逐步过渡到带有旋转和角度变化的斜线球。

2.确保内容的连贯与层次

在遵循渐进性原则的同时，教学内容应保持内在的逻辑性和连贯性，区分不同阶段的重点，明确基础与进阶内容。例如，在教授正手击球时，重点强调挥拍击球的正确时机与拍面控制，这些核心环节的掌握能有效促进其他细节的完善。

3.教学计划的连续性

在设计教学方案时，需考虑各环节间的自然过渡与衔接，如通过基础的对墙练习和双人不落地颠球来为截击技术的掌握奠定基础，逐步增加难度和复杂度，确保学习效果的逐步提升。

4.逐步增加运动强度

在教学实践中，应逐步增加练习的强度和运动负荷，以促进学生体能的适应与发展。这意味着在热身阶段逐步提高心率，底线击球练习中由慢速至快速递进，以及在隔网对练中逐渐增加击球距离，以此方式稳步提升学生的体能和技术水平。

（三）自觉积极性原则

在网球教学实践中，确保学生作为学习主体的主动参与至关重要，而教师扮演着引导与启发的角色，二者协同合作，方能实现教学成效的最大化。遵循自觉积极性原则要注意以下两点。

1.明确学习动机的引导

教师需协助学生确立清晰的学习目标，无论他们是旨在通过网球竞技赢得荣誉，还是追求健康、娱乐及终身受益的技能掌握，明确的目标能有效激发学生的内在动力。

2.激发学生的主动探索精神

鼓励学生发挥主观能动性，自主思考和自我调整学习过程。通过同伴间的相互观察与分析，学生们可以主动发现问题所在，探讨技术失误的根源，并共同探索解决方案。这种"知其然，更要知其所以然"的学习方式，促使学生在理解基础上改正错误，深化技能掌握的程度。

（四）从实际出发原则

遵循从实际出发的原则，网球教学应当立足于学生的具体实际，综合考虑个人差异、环境条件等多方面因素，以确保教学内容与方法的针对性和有效性。以下是贯彻这一原则时需要注意的几个关键点。

1. 深入了解学生个体情况

教学前，教师需通过细致的调查与分析，全面了解每位学生的年龄、性别、体质、运动基础等个体差异，确保教学任务、内容、组织形式及运动负荷与学生实际情况相符。例如，针对初学者，初期应侧重于培养球感与球性，逐步过渡到完整击球技术，以免过早引入复杂技巧导致挫败感。而对于拥有乒乓球或羽毛球背景的学生，则需特别注意调整其手腕动作，引导其学会使用全身协调发力，避免运动伤害。

2. 科学调整运动负荷

鉴于网球教学的实践性质，合理规划运动负荷极为重要。这不仅关乎技术战术的掌握，也是促进学生体质增强的关键。运动负荷应根据学生的体能状况适时调整，确保既能激发学生潜能，又不至于超出其承受范围，实现技能提升与体质增强的双重目标。

3. 兼顾普遍需求与个别差异

在网球教学过程中，既要关注学生群体的一般性需求，设计适合多数人的教学方案，也要顾及个体的特殊性，实施差异化教学。对于体能较好或技术掌握较快的学生，可适当提高动作完成标准，激励其追求卓越；而对体能或技能基础较薄弱的学生，则应采取辅助练习、分层次教学等方法，耐心引导，增强其自信心与参与度，确保每位学生都能在适宜的挑战中获得成长。

（五）巩固性原则

在网球教学中遵循巩固性原则，强调重复练习与持续强化的重要性，旨在确保学生能够长期记忆并熟练运用所学的网球技能。该原则基于心理学与生理学原理，即条件反射的强化与消退规律，以及人体技能通过重复练习逐渐适应并内化的自然过程。具体而言，巩固性原则要求在网球教学中做到以下几点。

1. 重复性练习

学生需要通过反复的击球、步伐移动等基本技能练习，形成稳定的动作模式。这些重复性练习有助于大脑皮层建立和巩固特定的神经连接，即动力定型，使得技能执行变得更加自动化和高效。

2. 递加难度

在重复练习的基础上，逐渐增加练习的复杂性和挑战性，如从静止球练习到动态球练习，从无对抗到有对抗，逐步提高技术要求。这种递进过程有助于技能在不同情境下的适应与应用，进一步加深技能的掌握程度。

3. 及时复习与反馈

定期回顾已学技能，并结合教练和同伴的即时反馈进行调整，可以防止技能遗忘和退化。通过视频分析、模拟比赛等方式，帮助学生识别并纠正错误，确保技能的正确性和稳定性。

4. 多样化练习

采用多种形式的练习方法，如变换练习环境、使用不同类型的球、与不同水平的对手对练等，可以提高技能的泛化能力和适应性，使学生在各种条件下都能稳定发挥。

（六）学习与实战相结合原则

网球运动因其独特的对抗性和场景多样性，要求教学实践中必须紧密融合技术学习与实战应用。这意味着学生不仅要掌握技术动作本身，更要学会在动态、对抗的环境中运用这些技能。这种结合不仅遵循了开放式运动技能学习的规律，还促进了学生在实际比赛中快速适应和决策能力的提升。学生应从一开始就认识到网球技术的运用是灵活多变的，需在移动中对抗并追求技术的实际效果，而非仅仅机械地重复固定动作。因此，将技术训练无缝融入模拟比赛、实战演练等环节，是培养网球技能并提升实战能力的关键路径。

（七）知觉优先发展原则

在网球教学中，高度依赖于对球拍、球以及场地环境的精准感知与快速反应，这是一种专门性的知觉能力，对技术掌握至关重要。教学中强调通过大量多球练习等方法，优先发展学生对球拍控制球的感知能力，这是网球教育独有的一项基本原则。通过此类练习，学生能够在反复的接触和反馈中，逐步提高对球速、方向、旋转的预判和适应能力，从而在复杂的比赛情境中，能够迅速且准确地做出反应。这种知觉优先的培养，为学生更高效地学习和运用网球技术奠定了坚实的基础。

二、高校网球教学的方法

（一）直观教学法

网球教学中采用直观教学法，通过视觉观察动作示范、听觉接收技巧讲解，加之肌肉本体感觉的内在反馈，学生能全方位感知动作的形态、结构、要点及时空特性，有效促进对动作技能的快速理解和精准掌握。常用的直观教学法主要有以下几种形式。

1.动作示范

网球教学实践中，动作示范依然是传授基本技能的核心方式。通过教师规范的动作展示，学生能直观理解技术动作的外观、结构、关键点及执行技巧，形成准确的动作概念。示范的质量直接影响学习成效，凸显了精准示范在教学中的重要地位。

2.战术示范

当网球课程进展到一定阶段，学生已经初步掌握了正反手击球、发球、接发球以及截击等关键技术后，战术训练便成为教学不可或缺的一环。尽管此时学生的技术水平尚不足以完全驾驭某些复杂战术，但战术意识的早期培养是至关重要的，它对于激发学生的训练热情、提升技术动作的精准度，乃至激发他们向更高难度挑战的积极性，都有着不可忽视的正面影响。

在战术实践环节，教师可以采取多种策略：一是亲自与班级中技术娴熟的学生搭档，进行战术演示；二是挑选两位技术出众的学生作为示范，其余学生则通过旁观学习。在此过程中，教师需详尽解析战术运用的技巧要求、战略思路及应对突发状况的策略，采用边讲边示范的教学模式，确保学生不仅能看到战术的实施过程，更能深刻理解其背后的意图和逻辑。这种结合讲解与示范的教学法，不仅增强了课堂的互动性，还促进了学生对战术层面的深入理解。通过观察与模拟，学生能更快领悟到如何在实战中灵活运用技术。

在每学期的网球课程接近尾声之际，组织形式多样的比赛，成为检验教学成效与学生技能掌握情况的常见手段。此做法旨在通过实战演练，帮助学生熟悉比赛规则，明确实战中的策略目标，并在真实的对战中实践所学，自我评估技能水平，发现并明确个人技能提升的方向。如同战术教学的示范环节，比赛示范同样重视教师与高水平学生的实战展示，其余学生则通过观察学习。在比赛进程中，一旦出现战术巧妙运用、精彩得分或有效的临场应变等亮点，教师应及时叫停比赛，现场分析点评，以此加深所有学生的理解，确保比赛示范的教育目的得以实现。

3.助力与阻力

助力与阻力教学法是一种利用外部助力促进动作正确完成，或设置阻力以增强肌肉感受的训练策略，尤其适用于网球技能的初学阶段、错误修正及精细动作感知。通过教师的辅助力量或设置阻力，学生能通过亲身的触感及肌肉内部的反馈，直观且深刻地理解技术动作的精髓，从而在实际操作中更好地运用技巧。

4.条件诱导

条件诱导教学策略，是指借助特定的辅助装置或环境调整，来引导学生准确掌握技术动作的方向性、动作范围及力量控制。例如，通过调整网球网的高度，可以帮助学生优化击球轨迹的高度；在对方场地设定目标物，可以有效提升学生击球的精确度与瞄准能力，从而在实践中逐步优化技术动作。

5.电影和电视录像

当前,电影与电视录像等多媒体直观教学工具在网球教学中日益普及,它们凭借生动直观、情感丰富的特点,极大地激发了学生的学习热情。这类媒介能够详细展现动作细节,允许按需减速播放或暂停,以便进行细致入微的动作分析,深化学生对技术要领的理解。采用现代电子化教学手段来阐述网球技巧,不仅是教学上的有益补充,更是顺应技术发展趋势,预示着未来网球教学方法的一大主流方向。随着科技的不断进步和教学条件的持续优化,这类直观教学法势必在提升教学质量与效率方面发挥更加显著的作用。

(二)语言提示法

在体育教学艺术中,精妙语言的运用如同点睛之笔,贯穿每个环节,其价值无可替代。它不仅是传递知识的桥梁,更是激发学生兴趣与想象力的钥匙。教师需把握讲授时机,言简意赅,每句话力求精准有力,如画龙点睛般启人心智,在网球教学中常用的语言教学形式有以下几种。

1.讲解法

讲解法是网球教学中广泛采用的语言传达技巧,教师通过口头说明教授课程目标、内容、标准、动作名及关键技术点。它贯穿理论教育、思想引导和技术训练,对提升教学效果至关重要。

在网球教学中采用讲解法时以下几个要点要特别注意。

(1)有目的、有分寸

依据教学目标及学生具体状况,讲解需灵活调整,确保教育活动的实效性。理论探讨和技术剖析时,可深入细化;而实践环节,尤其是学生热情高涨、积极参与时,讲解宜简明扼要,避免过度干预。

(2)内容正确,清晰表述

语言作为思想交流的媒介,其效用在于精准传达与深度互动。首要前提是演讲者持有准确无误的理念及清晰的概念框架。其次,高效的沟通技巧至关重要,这包括选用精炼且贴切的词汇,以确保信息的透明度。然而,表达的艺术在于规避误解与误导,这要求教师不仅要精通语言艺术,还需深入了解学生的认知基础——他们的知识积累、经验背景及理解能力。阐述技术动作时面临的挑战尤为显著，因身体感知的微妙难以言传，故教师需精心雕琢语言，力求表述贴近体验。改善表达，实质是对思维的磨砺。逻辑混乱直接反映为语言的含混，强调了"思维清晰方能言之有物"的道理。因此，在提升言语表达能力的同时，教师也应不断优化思维结构，确保传授的内容既深刻又易懂。此外，教学实践中，采用辅助手段如编写详尽的课程大纲或要点总结，在网球理论课堂上显得尤为重要。这样的做法能有效引导学生把握课程核心，构建知识体系的骨架，促进高效学习。

（3）做好准备，提高效率

在讲解之前，周密的准备是成功的关键。教师需确保语言精确、简洁，紧抓重点，同时，叙述逻辑清晰，发音准确，语气沉稳而富亲和力。为使讲解生动有趣，穿插幽默与实例必不可少，旨在以高效沟通实现信息的快速有效传递。这对教师提出了高标准，不仅要求业务纯熟，还需不断深化备课内容，积极进取，紧跟领域新知，持续自我提升。唯有如此，方能充分达成讲解目的，促进学生深刻理解和掌握知识点。

2.口令和指示法

在网球教学中，口令与指示构成了教师指导学生行动的直接指令系统，是确保教学活动有序开展的有效指挥工具。此方法尤其适用于引导学生完成准备活动、组织各类练习及在技巧训练中及时提醒动作要领，例如简洁有力的"上前步""手腕稳固"或"深击球点"等指令。教师所发出的口令与指示要具有权威性，使学生立即响应，不容拖延或松懈。口令应当清晰、响亮，旨在营造一种纪律严明、士气高昂的训练氛围，确保集体行动统一、精神饱满。通过这种直接而高效的交流方式，教师不仅能够迅速调整学生的动作状态，还能在无形中培养学生的反应速度与执行力，进一步提升教学效率与质量。

3.口头评定法

在网球教学中，教师恰当的口头评价展现出显著激励效能，有效提振学生士气，巩固其自信心，并显著提升其求知欲望。面对技术动作习得过程中的挫败与困惑，学生时常情绪波动。此刻，教师对于其动作某一正面特质的认可，如简洁的"很好"，便能即刻转变其消极情绪，注入积极能量。与此同时，指出技术瑕疵与提供改正策略亦不可或缺，确保学生在正向反馈与建设性指导下均衡成长。此外，将此评价机制应用于课堂表现的认可与反馈中，不仅有助于维持课堂秩序的稳定，还促进了积极向上、相互尊重的教学氛围构建，对整体教学质量和学习环境的改进均产生了积极的影响。

4."默念"和"自我暗示"法

在网球技术学习与技能演练的过程中，学生采纳"内在语言复述"与"自我心理暗示"的策略，对精准掌握技术精髓及自发性纠正动作偏差具有显著的正面影响。鉴于语言与肌肉运动感知之间存在着密切关联，这种内在的语言实践不仅能够于心智层面构建动作的连续性图景，还能在某种程度上模拟动作形态的具象化表现。具体而言，"内在语言复述"涉及在执行动作前夕，于内心深处回溯整个技术流程或聚焦于技术细节，旨在强化练习时的动作完成度。"自我心理暗示"则是在实际操作期间，通过内心默语或细微发声，自我提醒并关注那些技巧缺陷及反复出现的错误动作，以此促进动作的精准修正与技能的持续精进。

5.阅读书面材料法

在当代网球教学实践中，并非所有知识传授均需依赖直接口头讲解，利用书面资料作为辅助手段日益受到重视。这一策略不仅能够有效传输信息，增进学生对技术理论的理解，还在于其能积极促进学生的自主学习能力发展。教师可通过批阅训练日志等书面反馈形式，常态性地对学生实施教育指导。

（三）巡视教学法

巡视教学，于网球技能训练环节中，体现为教师主动穿梭于各个练习场地之间，或有目的地选取若干场地，进行技术性指导及全面掌握学生的学习进展与现存问题。此环节中，教师可能亲自参与到每位学生的练习活动中，例如在正手抽球练习时，精心调控球的力量与落点，确保球适当地送达学生正手位置，促使其在舒适的状态下顺利完成回击动作。这种直接陪同练习的方式极大地激发了学生的学习积极性，显著增强了教学效果的实效性。然而，教师需严格控制与每位学生的练习时长，通常以三分钟为最佳时限，以确保公平与效率，并在此期间同步提供个性化的技术指导，做到因材施教。在专注于个别指导或特定场地练习的同时，教师也应具备全局视野，时刻留意其他场地的动态，确保全班教学活动的有序进行。巡视过程中，坚守教学大纲的要求，杜绝随意性，坚持一切训练活动紧密围绕既定的教学内容展开，以严谨的态度和科学的方法，推动每一位学生的技术水平稳步提升，确保教学活动的高质量实施。

（四）指标训练法

网球训练传统上倾向于采用时间限制模式，例如设定"右方斜线对抽持续10分钟"的练习框架。相比之下，指标练习法则以实现目标为终止条件，例如"完成右方斜线对抽100次"作为练习的终点。该方法的优势在于能够提供量化的反馈信息，其鲜明的成果导向性对提升学生的积极性具有显著的激励作用。

具体实施上，指标训练法可细分为两种主要形式：

（1）协同达标法：要求练习双方协同合作，共同完成既定指标，如合作达成正手对抽100次的练习任务。

（2）个体达标法：侧重于个人成就，设定单方面需完成的指标，如独立完成发球上网，并成功击球20次的练习任务。

设定练习指标时，至关重要的是确保指标既具挑战性又可达成，避免过高的目标导致挫败感或过低的标准减弱训练效果。合理规划的指标体系，能够在激发学生潜能与维持练习动力间找到完美平衡，促进技能的高效提升。

（五）练习法

在网球实践教学中，学生练习所占的时间较多，通过练习，以亲身体验来内化动作技巧与教学要点。网球教学实践中所采用的练习方法，可系统性地划分为两大类别：无球徒手练习与实战打球练习。

（1）无球徒手练习，进一步细分为手法单独训练、独立步法练习，以及二者的综合运用，旨在奠定坚实的基础技能。

（2）实战打球练习，则依据练习环境与条件的不同，分为非对抗性练习，如垫球、对墙击球及吊球练习，这些通常在非比赛场地进行，着重于技术精准度与节奏感的培养；对抗性上场练习，此环节学生进入球场实地操作，根据使用球数差异，又可细分为单球轮流对打与多球连续供球练习，后者尤为强调在连续高速对打中提升反应速度与战术运用能力。

上述分级练习，层层递进，旨在全方位、系统化地促进学生技能的提升与实战经验的积累。

（六）预防和纠正动作错误法

在网球教学中，预防与纠正是一项关键教学技法，旨在识别并修正学生训练中不可避免的动作偏差。学生学习技术过程中出现错误实属常见，对此，教师应持科学态度，主动采取措施以防患未然，并及时指导修正。此教学环节不仅是确保学生准确掌握网球基础知识与核心技术的基石，也是保障体育锻炼效率与预防运动伤害的必要条件。值得注意的是，一旦错误动作固化为习惯性行为模式，那么后期修正不仅耗时费力，还可能导致学习效率的大幅下降。因此，强调即时性预防与纠正，对于避免不必要的学习成本及提升训练成效至关重要，体现了前瞻性和干预性的教学智慧。

在采取预防和纠正动作失误的措施前，首先要对错误成因进行深入分析，随后依据辨识的主要因素，选用适宜策略以期达到预期的教学矫正效果。

1.动作错误的原因

（1）学习目的不明确与动力缺失

学生若对学习目标认识模糊，积极性低下，缺乏完成动作的决心，常伴有畏难、避苦、惧伤的情绪，这些心态将导致练习态度不端正，敷衍塞责，从而易于引发动作偏差。

（2）技术认知混淆

学生对技术动作的概念理解不透彻，对动作序列、要点及标准认知模糊，或是受到以往技能习惯的负面影响，均可能导致技术执行时的混淆与错误。

（3）教学要求与学生能力不匹配

教学要求过高超出学生实际能力范围，或学生体质、素质水平及技能基础相对较弱，难以满足教学标准。此外，学生在体力透支状态下继续练习，也是动作错误频发的一个重要因素。

（4）教学组织与方法失当

教学设计与实施过程中的不当，如辅助练习的选择与布局不合理，讲解内容缺乏系统性和明确性，动作示范过快或学生观察位置不佳，无法清晰捕捉动作细节，乃至教师指导中的疏忽与错误，均会直接或间接促使动作失误的产生。

2.根据原因进行预防和纠正

针对上述分析所得的动作错误成因，预防与纠正措施应采取以下策略：

（1）强化目的性教育与动机激发

教师应致力于加强学生对学习目的的认识，通过教育引导激发学生的练习热情，提升其自觉性和积极性。消除学生的畏难情绪，树立其完成动作的坚定信心，并着重培养坚韧不拔、勇于挑战的意志品质。

（2）优化教学语言与直观展示

教师需不断提升语言表达与直观教学的技巧，确保动作示范清晰准确，讲解内容系统而详尽，帮助学生建立正确动作模型，明确动作执行的顺序、关键点及标准要求。巧妙运用诱导性与转换性练习，有效预防并纠正旧有技能对新技能学习的潜在干扰。

（3）科学制定教学任务与要求

教学任务应适度且具体，确保学生通过努力可达标。同时，注重学生体质的全面提升，通过合理的身体锻炼增强学生素质，提高运动能力。运动负荷的安排需科学，密切关注学生疲劳状态，以防因过度疲劳导致动作变形。

（4）加强备课与教学设计

教师要强化备课工作，全面细致地掌握学生情况，深入研究教材与教学方法，精心规划教学流程，确保教学策略与学生实际相契合。针对不同教材特性和错误类型，灵活采用限制练习、诱导练习、自我暗示及消退法等多种教学手段，有的放矢地进行错误纠正，从而确保教学活动的高效性和针对性。

第五节　高校网球文化建设

一、网球运动文化内涵

网球运动的文化内涵主要体现为以下几点。

（一）诚实为本

网球运动根植于诚实守信的道德土壤之中，将诚信视为参与者的根本准则。从踏入球场的那一刻起，每位网球选手都被期待展现出最高的道德风范。高校网球赛事中广泛应用的信任制竞赛模式，即无裁判监督的比赛形式，不仅是一场对运动员身体能力、技术策略及心理韧性的全面考核，更是一次对其诚信观念与行为的深度检验。特别是在比赛的关键节点，每位参赛选手都应秉持高尚的体育精神。诚实是对运动员的基本要求，是运动员赢得尊重与赞誉的关键。

网球运动不仅是技术和体能的竞技场，更是道德品质的检验场。它要求运动员在追求胜利的同时，也要坚守诚信的底线，确保比赛的纯洁与高尚，展现网球运动超越比分的深层价值。

（二）集体主义精神

网球运动，尤其是双打与团体项目，不仅是个人技艺的展现台，更是集体主义精神的光辉舞台。双打比赛中，两位球员间的默契配合成为制胜的关键，要求他们不仅在技术上互补，更要在心理上相互信赖，形成不可分割的战斗共同体。而在团体项目中，队员间的密切协作与相互支持更是取得胜利的基石，强调的是每个成员都将团队利益置于个人之上，通过不断的鼓励与协助，凝聚成一股强大的力量，共赴胜利的彼岸。这种集体主义精神，不仅是对选手团队观念的考验，更是对其人格修养的锤炼，让每位参与者在追求卓越的同时，学会尊重、支持与牺牲，这些品质将成为他们人生旅途中宝贵的财富。

在网球团队中，教练与选手间的协同作战同样不可或缺。教练员以其专业视角，在规则的框架内，通过微妙的手势或眼神给予场上选手即时的战术指导与心理慰藉，这种无声的沟通，要求选手具备高度的敏感度与理解力，以便快速调整战略，发挥最佳状态。这一过程不仅强化了团队的战术执行力，也加深了师生间的信任与默契。

对于高校大学生而言，网球运动不仅是强身健体的途径，更是培养集体主义精神和团结协作意识的宝贵平台。在日常的教学与训练中，学生通过轮流击球、互相传球、共同拾球等简单却意义深远的互动，逐渐建立起深厚的团队情感与责任感。他们学会尊重约定时间，公平安排上场顺序，甚至在友谊赛中自愿担任裁判角色，这些看似微小的举动，实则深刻体现了集体主义精神的实践与传承。通过这些经历，学生不仅掌握了网球技能，更重要的是，他们学会了如何在团队中扮演好自己的角色，如何通过协作实现共赢，这些经历对于他们未来无论是职场生涯还是社会生活中处理人际关系，都有着不可估量的价值。因此，网球运动不仅是对身体的锻炼，更是对心灵的塑造，集体主义精神的培养，让这项运动拥有了更深邃的文化内涵与教育意义。

（三）谦虚与尊重

网球运动，作为一项集技术与人文精神于一体的体育项目，不仅推崇竞技场上的自信与技能,更强调谦逊态度与对对手的尊重,这些原则与现代教育理念及体育文化的传播核心不谋而合。参与其中的选手需通过不懈努力与训练,累积自信资本,同时怀揣谦卑之心,善于发现并借鉴他人之长,以此促进个人全面发展与进步。

尽管网球作为一项非接触性运动,避免了直接的身体冲突,其激烈的对抗和高度策略性的较量,却对选手的内在素养提出了更高要求。网球选手在场上应当展现出自信与专注,同时保持诚实与谦虚,这不仅是对比赛的尊重,也是对对手的尊重。网球比赛的竞争本质,激发了选手不断突破自我的动力,而"君子之争"的理念,进一步强调了尊重在比赛各方面的体现——从裁判、对手到观众,乃至对比赛器材和场地的爱护,都是对网球精神的诠释。

网球选手的形象构建,绝非单一的技术水平所能决定,其品行举止同样至关重要。一个品行不良的选手,即便技术高超,若言行粗鲁、缺乏尊重,也会失去观众和裁判的青睐。女子网球的蓬勃发展,见证了如莎拉波娃、阿扎伦卡等明星选手的崛起,她们之所以受到广泛喜爱,不仅仅因为她们的外在魅力,更在于她们展现出的优雅气质与高尚品格,成为网球场上一道亮丽的风景线,吸引了众多目光。这些明星选手的正面形象,对大学生群体产生了深远影响。许多学生因仰慕这些球星而投身网球运动,她们的时尚着装、优雅动作成为模仿的对象,而她们身上散发出的自信、大方、谦逊和坚韧不拔的精神品质,更是激励了无数大学生和网球爱好者。在网球运动的熏陶下,不仅技能得以提升,个人的品德修养也在无形中得到磨炼与升华。

(四)思维与气质

网球运动,作为一种深度融合身心智的体育艺术,其哲学底蕴在于对参与者的思维深度与个人气质的双重塑造。在网球场上,选手们进行的不仅是单纯的技术对决,而是体能、心理与智能的全方位较量,这是一场智力与勇气并重、技巧与策略交织的竞技。随着网球运动的现代化发展,技术层面的差距逐渐缩小,使得比赛胜负的关键更多转向了非技术因素,特别是球路策划与思维敏捷度。每一分的争夺,都需要选手具备清晰的战略意图,敏锐的对手分析能力，以及对下一拍的预见性思考，这些构成了网球智慧的精髓。

网球运动独有的美学体验，在于它展现出的从容不迫与优雅风度。运动员每一次挥拍，都是力量与智慧的结晶，映射出运动员的全面素养。球场上的每一次移动、每一个击球动作，都透露出选手的内在气质与训练有素，这不仅是技术的展现，更是个人魅力的释放。诸如温布尔登网球锦标赛的白色着装规定，不仅是一种传统，更是对网球运动优雅精神的传承，体现了对美学与礼仪的高度重视。在高等教育的背景下，网球运动的文化内涵应被充分挖掘，作为培养大学生综合素质的有效途径。通过网球运动，不仅能够锻炼学生的身体，增强体质，更重要的是能够促进其逻辑思维能力、决策能力和心理调适能力的发展，进而提升其整体气质与个人修养。在实践中，学生能够学会如何在紧张的竞技中保持冷静，如何在策略上胜人一等，这些能力的培养，对于大学生未来的学习、工作乃至整个人生观的塑造，都具有深远的意义。

二、高校网球文化建设与发展的策略

（一）树立"以人为本"的理念

当前，国内诸多高等院校正着力推动网球运动及其文化的普及工作，旨在深化大学生对网球的认知与情感联结，激发其参与热情。在这一进程中，秉承"以人为本"的核心思想，融合人文关怀至关重要。应致力于构建一个开放包容、温馨和睦的网球文化生态系统于校园之内，让民主、和谐与友善成为其鲜明特色。通过这些举措，不仅能够丰富大学生的体育文化生活，更能促进其身心健康与社会交往能力的全面提升，为校园体育文化的多元发展注入新活力。

（二）深入挖掘网球文化的内涵与教育功能

在深化高校网球文化的内涵与拓展其教育价值的进程中，教育的催化角色显得尤为重要，网球教学作为这一进程的核心组成部分，承载着挖掘网球运动深层教育潜能的使命。该运动的教育意义尤其体现在道德教育层面，通过网球，大学生不仅能够培养诚实守信的品质，还能学会在压力之下保持冷静，以乐观的心态直面挑战，并在学业与生活中展现出条理性与解决问题的能力。为了充分激活网球运动的德育效能，促使学生在网球学习过程中实现道德素养的飞跃，高校应当策划并实施一系列富含网球文化底蕴的活动，旨在深化学生对网球文化的理解和共鸣，从而激发他们对该运动的真挚兴趣与持久热情，鼓励全情投入，同时也激励周围人共同参与。

（三）重视网球课程教学及其优化

尽管网球课程已成为众多高校体育教学的一部分，但由于我国网球运动的引入与发展相对较晚，导致高校网球教育体系尚处于逐步完善阶段，面临诸多挑战。这些问题的存在，不仅制约了网球教学成效，也间接阻碍了网球文化在校园内的深入推广。网球，作为一项蕴含礼仪规范与复杂规则的高雅运动，其教学工作需要具备专业知识的师资力量，以及持续的课程与教学体系革新。优化课程设置，提升教学质量，对于积极传播健康向上、礼仪并重的网球文化价值观具有不可小觑的作用。

（四）推动网球课堂教学与网球文化融合发展

1.教师转变教育观念，提高文化素养

提升网球教学与文化融合的实效性，首要之举在于教师教学观念的革新，他们应当成为网球文化的积极倡导者与践行者，主动提升自身文化修养，并在课程设计中有机融入网球文化教育，探求两者融合的最佳路径，以期教学成效的显著提升。在高校网球课堂这一教育主阵地上，教师扮演着引领者的角色，其教育观念的转型是实现网球教学与文化深度融合的先决条件，对推动教学模式创新与网球文化传承具有决定性影响。

2. 让学生重视网球文化

在推进网球课堂教学与网球文化深度融合的过程中，关键在于教师教学理念的升级与学生认知态度的根本转变。教师不仅需转换教学思路，提升个人在网球文化领域的修养，更需引导学生从思想层面深刻认识到网球文化的重要性。当前，部分学生对于网球课程的轻视，或仅仅聚焦于技术与理论学习而忽略文化内涵的现象，成为文化与教学融合的一大障碍。

为破解这一难题，教师需采取积极策略，激发学生对网球文化的兴趣与重视。例如，通过调整课程评估体系，将网球文化知识在期末考核中的比重予以提升，甚至使之与技术技能评分等同，以此作为杠杆，促使学生从被动接受转为主动探索网球文化的魅力。这种考核方式的变革，能够有效唤起学生对网球文化价值的认知，打破"重技轻文"的偏见，确保学生在技术训练的同时，也能深入理解网球运动背后的历史、礼仪、精神等文化层面，实现技能与文化素养的同步提升。

此外，教师应充分利用课堂教学，创新教学方法，如结合多媒体教学资源，讲述网球历史故事，分析网球礼仪规范，以及组织文化主题讨论等，以生动有趣的方式，让学生在参与和体验中感受网球文化的深厚底蕴。最终，当学生开始主动了解网球文化，将其内化为自我提升的一部分时，网球课堂教学与文化的融合才能真正落到实处。

3. 注重文化方面的引导

在当前高校网球教学的常规框架下，技术传授往往是教学内容的核心，而教学模式也趋于单一化，通常以集体热身、技术讲解示范、学生自主练习为循环。这样的教学流程虽系统，但往往缺乏新意，难以充分激发学生的兴趣与激情。鉴于此，将网球文化与课堂教学深度整合，成为提升教学质量、丰富教学内涵的关键途径。

首先，网球教师应当打破传统教学的局限，从文化导入入手，为学生开启网球世界的多彩之门。这意味着在步入网球场之前，先在教室里铺垫好网球文化的基石。教师需精心筹备，搜集丰富且具有吸引力的网球文化素材，包括网球的历史沿革、著名赛事、传奇人物的故事，以及网球运动中的礼仪规范等，通过生动有趣的讲解与引导讨论，让学生在知识的海洋中遨游，从而对网球文化形成全面而深入的理解。这样的文化先行策略,不仅能激发学生的好奇心,还能在他们心中种下对网球运动的热爱种子。接下来,在实践教学环节,教师应创新教学模式,将理论知识与实际操作紧密结合。通过设计富含文化元素的网球游戏与小型比赛,将枯燥的技术训练转化为富有乐趣的互动体验。在游戏与比赛中,学生不仅能够实践所学技能,还能在遵守规则、体验竞争的过程中,深刻体会到网球运动中的礼仪与精神风貌。比如,通过"模拟大满贯"比赛,学生在体验比赛紧张氛围的同时,学习如何在赛前握手致意、比赛中尊重对手、赛后礼貌祝贺,这些无不渗透着网球文化的精髓。此类活动不仅锻炼了学生的身体素质与技战术运用,更培养了他们的团队精神、竞争意识与社交礼仪,为学生构建了一个寓教于乐、和谐共进的学习环境。

尤为重要的是,教师在这一过程中应身体力行,成为学生学习网球文化的活生生榜样。通过参与游戏、比赛,教师能够与学生建立更为亲密、平等的师生关系,以自身的言行为镜,教导学生尊重规则、尊重对手,展现良好的体育道德风貌。这种互动不仅能够增进师生间的了解与信任,还能有效提升学生对网球文化的认同感,进而促进学生在道德品质与运动技能上的同步提升。

(五)加强网球课外俱乐部建设

当前,高校愈发重视课外体育活动,使之与体育课程并驾齐驱,共筑学生健康成长的双轨体系。在此背景下,高校网球俱乐部作为网球课堂教学的自然延伸,扮演着至关重要的角色。它不仅弥补了课堂教学的局限,通过持续的实践与交流,促进了学生稳定网球运动习惯的形成,还深化了学生对终身体育观念的理解与认同。更为重要的是,高校网球俱乐部架起了校园网球与社会网球互动的桥梁,实现了教育资源与社会资源的良性对接。为了让教育效益最大化,确保学生在体质、心智与社交等方面的全面发展,高校需精心设计网球俱乐部与课程的融合策略,使之相辅相成,共同促进学生体质健康和全面发展。

加强高校网球课外俱乐部建设具有以下重要意义。

现代多元教育理念引领下高校网球教学的优化改革研究

1.提高学生对网球运动的兴趣,培养良好的运动习惯

加强高校网球课外俱乐部的建设,对于激发学生体育热情、培育良好运动习惯具有深远意义。当前,高校普遍面临学生体育参与度不高的问题,尽管体育课程体系健全,但学生往往仅出于应付考试、获取学分的目的被动参与,缺乏主动性和持久兴趣。网球课程同样遭遇此瓶颈,单一的教学内容与学生多元化的需求不匹配,导致学习动力不足。课程中,网球爱好者与初学者混杂,前者渴望技术精进却受限于课程基础性,后者可能因缺乏兴趣而参与度低,双方需求均难以得到充分满足,缺乏共同话题和兴趣点,进一步抑制了学习积极性。在此背景下,高校网球俱乐部的成立显得尤为重要。它作为一个平台,能够有效聚合对网球充满热情的学生,通过定期的集体训练和比赛,不仅显著提升学生对网球运动的兴趣,还促进了技能的持续提高与体质的增强。俱乐部的环境鼓励成员间相互切磋、交流,形成积极向上的运动氛围,满足了网球爱好者提升自我、以球会友的渴望,同时也为初学者提供了一个近距离感受网球魅力、逐步培养兴趣的空间。而对于那些对网球不感兴趣的学生,高校应采取灵活多样的策略,通过调研了解学生的兴趣分布,针对性地创建涵盖各类体育项目的俱乐部,如篮球、足球、游泳等,旨在吸引更多学生参与,发掘并培养他们的特长与个性。这样的举措有助于构建全面的体育文化生态,使每位学生都能找到符合自己兴趣的体育项目,享受运动的乐趣,从而在兴趣的驱动下主动参与体育活动,促进身心健康发展与个人能力的全面发展。

2.营造校园网球文化氛围,提高学生网球素养

高校网球俱乐部作为校园体育文化与网球运动传承的关键一环,不仅丰富了大学生活力四溢的课外时光,也映射出高校体育发展的新趋势与广阔前景。它们的建立,不仅为学生提供了多样化的休闲选择,还对社会产生了积极影响,促进了体育精神的传播与健康生活方式的推广。通过网球俱乐部的多样化活动,学生在享受网球带来乐趣的同时,其对这项运动的兴趣也被有效激发,进而主动投身于日常训练、比赛与技术提升之中,这股由内而外的参与热情,为校园营造了一股积极向上、充满活力的网球文化氛围。俱乐部活动不仅限于技术层面的提升,更涵盖了网球历史、规则礼仪等文化内涵的

普及，使得参与其中的大学生在技术精进的同时，也逐步深化了对网球文化的理解和情感共鸣，网球知识水平与文化素养随之提升。

3.提升学生团队协作能力，为学生提供实践机会

高校网球俱乐部的独特之处在于其成员身份的多重性，他们既是热情洋溢的参与者，又是积极主动的组织者与管理者。这群因网球结缘的大学生，因共同的爱好汇聚一堂，俱乐部随之发展壮大，对系统的组织架构和高效管理的需求日益凸显。鉴于高校网球俱乐部的非营利性质，资金来源有限，聘请专职管理人员成本较高。因此，通常由具备丰富网球经验或出色管理才能的学生担任领导角色，形成了成员之间各司其职、协同合作的运作模式。从场地维护到日常运营，再到赛事策划，每一步都凝聚着成员们的共同努力与智慧。这种角色多样性不仅促进了俱乐部的有序运转，更为成员们提供了一个宝贵的实践平台。在参与俱乐部事务的过程中，成员们学会了有效沟通与团队协作，这些经历对于提升他们的社交技巧、增强团队协作意识及提高社会适应能力具有不可估量的价值。成员们在实践中锻炼了领导力、组织协调能力和财务管理能力，这些软技能的积累无疑是他们未来步入社会、顺利融入职场的坚实基石。

（六）成立高校网球协会

高校网球协会在促进校园网球运动的蓬勃开展与文化内涵的深化上扮演着核心角色，因此，其成立对高校而言极为关键。作为官方认可的体育社团，它不仅指导学生以科学方式投身网球运动，还积极担当起传播与推广网球文化的重任，为网球爱好者搭建了一个互动、竞技与共享的优质平台，极大丰富了大学生的课余生活。通过高校网球协会的桥梁作用，不同学校间的网球爱好者得以汇聚一堂，共同参与校际间的比赛与交流活动，这些互动不仅促进了技术的交流切磋，还为各校网球水平的提升引入了新鲜血液和宝贵经验。协会通过组织参与地方乃至更高级别的网球赛事和交流活动，拓宽了成员们的视野，激励他们不断精进技艺，同时也展现高校学子的风采，促进体育文化交流。

高校网球协会可重点从以下几方面来推动高校网球文化建设，促进高校网球运动发展。

1. 大力宣传网球运动

在推动网球文化于高校广泛传播方面，加强宣传与普及网球知识显得尤为重要。现今，媒体渠道的成熟与多样性为体育文化的推广提供了前所未有的机遇。高校应充分利用内部媒体资源，如校园广播、校报、官方网站及社交媒体平台，构建起一个多维度、广覆盖的宣传网络，以高校网球协会为依托，有效地传递网球运动的魅力与价值，实现网球文化与校园生活的深度融合。

网球协会成员作为网球文化的使者，通过协会的平台，不仅对外输出网球知识与文化精髓，维护网球运动高雅、文明的形象，还在此过程中增强了自身的使命感与责任感，培养了严谨负责的工作态度。不少学生因对网球运动缺乏了解而持观望态度，甚至错失了参与的机会。协会通过系列宣传活动，如举办网球知识讲座、技能工作坊、网球文化展览等，能够有效消除这些认知障碍，激发学生对网球的兴趣，吸引更多学生加入网球运动的行列，逐步构建一个活跃、健康的网球运动社群。

高校网球协会的宣传方式灵活多样，自由开放，它不仅局限于信息的单向传播，更注重互动与体验，鼓励学生亲身参与，亲历网球运动的乐趣与挑战，这是深化网球文化影响力的关键所在。尤其在宣传内容上，应重视网球礼仪知识的普及，这是网球运动"绅士风度"的集中体现，对追求文明、尊重与自律的大学生群体具有极强的吸引力。通过教授正确的观赛礼仪、比赛中的相互尊重行为，以及日常训练中的互助合作精神，不仅能够提升学生的综合素养，还能进一步提升网球运动的社会形象，吸引更多人投身其中，从而为高校网球文化的持续发展注入源源不断的动力。

2. 组织日常训练和网球比赛

确保协会成员能够参与网球训练及竞技赛事，是高校网球协会的核心职能之一，缺乏实际行动的协会将失去其存在的实际价值。因此，协会需积极与校方沟通，争取必要的场地资源，规划并实施定期的训练计划，以满足成员对网球运动的参与需求，并在持续的训练中促进成员技能稳步提升。训练安排需科学合理，包含明确的目标与进度规划，同时，引入经验丰富的教练进行定期指导，为学员营造良好的训练氛围，这是提升训练成效的关键。

此外，精心策划的网球赛事是高校网球文化宣传与推广的有效策略。通过举办校内外的网球比赛，不仅能够显著提升网球运动在学生中的知名度与吸引力，还能在实践中展现网球运动的礼仪之美，激发更多学生对网球文化的兴趣与认同。赛事期间，参赛者对规则的严格遵守与礼仪的展现，不仅为观众呈现了一场场视觉盛宴，也为网球文化的传播树立了良好典范。更深层次而言，比赛不仅是技术与体能的较量，也是道德修养与体育精神的双重磨炼，这正是高校网球文化建设成果的直接体现。

（七）成立高水平网球队

高校组建的高水平网球队，担当着孵化网球明日之星的重任，不仅拓宽了网球后备人才的培养路径，也加速了高校网球生态的扩张与网球文化影响力的深化。通过大学生网球联赛这一载体，各高校在竞技与交流中碰撞思想，网球文化的交流互鉴跃上新台阶，高校网球文化的内涵与外延得以丰富与拓展。

参与高层次的网球竞技，高水平网球队以其卓越表现为网球文化赢得了广泛关注，激发社会大众对网球运动的兴趣与好奇心，为网球文化的广泛传播铺设了坚实的基础。这些队伍的存在，实质上是对高校网球文化境界的直接抬升，使学生群体能够深切领悟网球文化的内核与精神实质。高校高水平网球队从校园内部的联赛到跨越校际乃至参与全国性大赛，这一系列赛事活动编织成一张紧密的网球文化网络，营造了浓厚的网球氛围，对网球文化的普及与高校网球生态的建设起到了举足轻重的作用。

（八）做好网球科研工作

网球运动作为一项兼具技巧与策略的体育项目，其发展离不开扎实的理论研究作为支撑。通过深入分析网球运动在发展路径上遭遇的实际挑战，并在严谨的科学理论框架下探索应对策略，可以为网球运动的进步提供方向指引和实践指导。在高等教育机构中，网球运动的发展同样呼唤着理论与实践的紧密结合。

　　高校作为科研创新的重要基地，拥有得天独厚的学术资源与研究环境，这为网球相关科研工作的深入开展提供了肥沃土壤。利用高校在理论研究方面的优势，不仅能够深化对网球运动内在规律的理解，还能够为高校网球文化的培育与发展提供强有力的理论支撑。通过科学研究，可以揭示高校网球运动普及、人才培养、文化构建等方面存在的问题，并据此提出具有前瞻性和操作性的解决方案，促进高校网球运动的发展。

第二章　高校网球教学现状、问题与优化建议

　　集健康休闲、青春活力、高雅时尚于一体的网球运动符合高校大学生追求潮流的需求，近年来越来越受大学生群体的青睐，从而加速了网球运动在高校的传播和网球课程教学的开展。高校网球教学不仅能够培养大学生的健康体质，还能培养大学生的终身体育意识和综合素质。然而，高校网球教学的开展也遇到了一些阻碍，如场地设施不足、师资力量薄弱、教学理念与方法落后等，只有集中力量清除这些障碍，解决现实问题，才能为高校网球教学的开展创设良好的环境，提供更好的保障，不断提高网球教学质量，从而也使网球教学的育人价值得到最大化发挥。本章主要对高校网球教学现状、问题与改革优化进行研究，首先详细分析高校网球教学的开展现状，然后从开展现状中总结高校网球教学主要存在的问题，和影响网球教学开展及其质量的主要因素，最后从这些现实情况出发，提出高校网球教学改革优化的建议和策略。

第一节　高校网球教学的开展现状

一、高校网球课程开设情况

我国多数普通高等教育机构已纳入网球教学内容，该运动在高校课程设置中的普及率较高。高校网球课程设置多样，既包括体育专业必修或选修内容，也涉及非体育专业学生的公共体育选修课程，其中，网球选修课广受学生欢迎。然而，部分高校因教师资源、场地设施等现实条件的约束，未能成功启动网球教学。特别是一些对体育教育关注度较低的院校，校方倾向于将资金优先投入其他强势学科或专业领域，用于提升和完善相关设施，而非投入大额预算或专门划拨资金来建造专业的网球教学与训练设施。总体上，高校网球课程的开设趋势向好，随着网球运动在校园内外影响力的日益扩大，以及各种教学条件的日渐成熟，可以预见，其在高校体育课程中的开设比例将不断增加。

二、高校网球课程教学开展情况

（一）教学目标

体育教学目标作为体育教学活动预设的成效导向，不仅指引着教学实践的方向，还为教学活动的评估与总结提供了基准，构成了体育教学的起点与终点闭环。

调查发现，在高校网球教学中，教师普遍将教学目标聚焦于几个关键层面：首先是增进学生的身体健康，推动其心理与生理的全面和谐发展；其次是传授网球的基本技能与战术策略，激发学生对这项运动的热爱与持久兴趣；再者，坚持"健康为先"的根本理念，确保网球课堂成为促进学生综合素养提升和奠定终身体育观念的坚实平台。在此基础上，教师尤为强调通过系统的教学，帮助学生掌握实用的网球技术和战术，旨在提升他们的健康水平、网球素养和综合能力。

此外，网球实践课程被寄予厚望，被视为一个培养学生成长韧性、锻炼坚强意志、勇于挑战自我的宝贵平台。在面对技术难关与体能极限的过程中，学生不仅能学会克服困难，还能在这个过程中深化自我认知，建立正确的价值观与人生观，这些积极的改变将进一步鼓舞他们在学习与生活中满怀信心，勇往直前。总而言之，网球教学不仅致力于技能的培养，更深层次地，它是一种通过体育活动促进个体全面发展的教育实践。这一深刻的认知对网球教学目标的制定与教学过程的努力方向具有重要参考意义。

（二）教材使用

通常情况下，人们提及教材时，往往直观地将其等同于教科书，然而实际上教材的范畴远不止于此，它涵盖了教科书、教师教案、授课讲义、多媒体课件，乃至视频资料等多元形式。在高校网球教学中，这些丰富的教材资源扮演着至关重要的媒介角色，它们是师生互动、知识传授与技能习得的纽带，对促进网球教学效果及学生技能提升有着不可小觑的影响。若缺乏高质量的网球教材体系构建，不仅网球课程的教学实践会流于空谈，难以贴合实际，就连体育人才培养的目标也会变得遥不可及。

调查发现，在高校网球教学中，统一教材的应用并不普及。院校多采取自编教材或依据教学实际需求，从市场上挑选合适的教材进行订购，其中包括选用学校内部编制的教材或是出版社发行的、经教师甄选的教材。值得注意的是，尽管市面上存在由网球领域的专家或学者编撰的教材及专著，这些材料虽在科研与学术交流方面价值显著，却因内容偏向专业化，与面向大众的网球公共课程教学需求不完全匹配。鉴于此，绝大多数高校倾向于采用自行编撰的教材，或是从市面上精心挑选那些更加符合实际教学需求的版本，以确保网球教学既能贴近学生实际水平，又能有效促进学生对网球基础理论与技能的掌握。

（三）教学内容

网球课程的教学内容构成了教学活动的主体框架，它包含两大部分：网球理论知识与实践技术训练。理论知识部分深入介绍了网球的历史沿革、运动装备、国际国内网球组织结构、竞赛规则与管理、裁判法、运动伤害预防与应对措施等，旨在深化学生对网球文化精髓的理解，并促进其对技术、技能的理性分析与思考。但调研发现，部分高校网球教师对理论教学的重视程度不足，或忽略设立独立的理论课程，或仅在实践环节零散穿插理论知识点，出现"偏重实践、轻视理论"的倾向。

至于实践技术训练教学板块，尽管各高校在具体内容上略有差异，但大体遵循一致的原则。针对初学者，即那些未曾接触网球或基础薄弱的学生，教学重点在于扎实基础动作技能的培养，确保每位学生都能正确掌握网球的基本击球技术等。而对于已有一定网球经验、掌握了基本技能的学生，教学则侧重于提升实战能力和战术应用水平，鼓励学生在实战中灵活运用技术，增强比赛策略意识，从而在原有的技能基础上有所进步和提升。

（四）教学时数

网球课程教学的各个环节都是密切结合其教学目标的达成所展开的，网球课程教学内容设置是否科学，是网球课程教学目标能否达成的主要保障条件，网球课程教学课时数量与结构是否安排合理，又是决定网球课程教学内容能不能顺利完成的重要时间条件。教学课时太少，便不能满足教学内容讲授和学生巩固练习的需要，同时也会给网球教师授课、学生学习网球技术与技能带来一定的压力。在课程进行过程中，教师总想利用有限的时间多讲一点，或者加快课堂节奏，增加学生课堂练习的次数，无意间就会增加课堂的强度，或者讲得太多，练习得太多又担心影响教学进度安排，若是加快教学进度，又怕学生吃不消，难以掌握所讲授的动作技术，最终使课堂不容易把控。因此，高校网球教师应该做好课前准备工作，认真细心备课，做好每一节课的课堂设计与组织管理，尽最大可能充分利用有限的课时实现更好的教学效果。

第二章 高校网球教学现状、问题与优化建议

高校网球选修课程多设于第二或第三学期，课时跨度为16至36小时，存在显著的校际差异。不仅课时总量不同，课时结构安排也各异，尤其是理论教学与实践技能训练，以及考核部分所占时间各校不一。普遍趋势是，实践技术课的课时占比显著高于理论课，部分学校几乎忽视理论课程，进一步凸显了当前网球教学中"实践主导、理论滞后"的不平衡状况。

（五）教学方法手段

体育教学手段与方法作为体育课程体系的支柱，是教师达成教学目的的桥梁与关键保障。其先进性与科学性直接关乎体育教学的成效，对教学工作全局具有深远影响。

在高校网球教学实践中，要提升教学成效，就必须基于预设的教学目标、具体内容，考虑外在环境、设施条件，以及学生的特定需求和师资实际情况，灵活选取最适宜的教学策略。调查发现，多数高校网球教师依赖传统教学方法，如言语解说、动作示范及分步练习等，这些方法虽基础实用却略显单一，难以持续激发学生兴趣，课堂氛围趋于平淡。长此以往，学生对网球课程的热情与参与度难免下降。

调查了解到，也有部分具有前瞻性的网球教师正积极引入互联网资源、移动应用、视频制作、慕课平台及现代化视听设备等新颖教学工具，这些现代化手段不仅促进了学生对技术动作的理解与记忆，还显著提升了教学互动性与趣味性，为网球教学方法的革新开辟了新路径。由此可见，融合科技元素，创新教学方法，已成为提升网球教学质量与吸引力的重要趋势，为激活学生学习动力、焕发课堂生机提供了新思路。

（六）教学评价

体育教学评价旨在识别并改进教学中的不足，以促进教学质量的提升，其核心是教学评价理论在体育学科领域的具体实践。针对网球课程，一个全面的教学评价体系应涵盖教师教学活动与学生学习过程的双重评估。具体而言，对教师的评价聚焦于教学态度的热忱、教学专业技能的精湛，以及教学

成果的显著性三大维度；而对学生学习成效的考量，则包括学习态度的积极性、学习能力的有效提升，以及网球知识与技术掌握的熟练度，即学习成效的综合体现。

调研表明，当前高校网球教学已建立起较为成熟和系统的评价机制。对教师教学的评估，通过部门与专家的现场听课、教师自我期末反思以及学生在线评教等多元化方式综合进行。至于学生学习效果的评判，则采取多角度、多层面的策略，涉及学生体质健康的考核、专项技能的实测、课堂出席情况与课堂活跃度等多个方面，评价方式集网球教师评价、学生自我反思与同伴互评为一体，形成了一个立体化的评价体系。总体评价机制彰显出高校网球教学评价的科学性与全面性。

（七）教学效果

学生对网球课程教学效果的满意度，是衡量教学活动成效的重要指标，它综合反映了学生对教师教学技艺、行为表现、课堂环境、设施条件，以及个人学习经历和技能获取的主观评价与情感体验。网球教学是一个师生互动、共探知识、携手达成教学目的的动态过程。因此，教学效果的评估必须兼顾教师视角与学生感受，特别是作为教学活动直接参与者的后者，其反馈意见更具真实性和影响力。

调查了解到，多数学生对所选网球课程的教学质量表达了满意的态度，这表明高校网球课程总体上是受学生群体认可的。然而，不可忽视的是，一部分学生对教学成果的满意度并不高，这部分不满主要源自其更高层次的学习需求未充分得到满足，特别是那些学习积极性高、基础扎实、技能水平先进的学生。他们渴望更深入地参与到网球运动中，却受到师资力量薄弱、场地设施不足、课程时长有限等客观条件的限制，学习需求得不到满足，从而导致这部分学生对网球课程教学效果的评价略显消极。这提示我们，虽然高校网球课程已赢得广泛好评，但仍需在优化教学资源配置等方面做出努力，以更好地满足不同层次学生的学习需求，进一步提升整体教学满意度。

三、高校网球教学场地情况

体育教学活动的顺利实施，离不开充足的场地设施作为物质基础，网球教学亦是如此。考虑到网球运动的高强度与高活动量特性，潜在的安全风险与身体受伤概率较高，因此，安全可靠的场馆设施对网球教学至关重要。近期对部分高校的调研显示，这些学校的网球场地资源普遍紧缺，且大多为室外场地，受季节变换和天气状况的影响较大，显然不利于网球课程的稳定开展。此外，有时学生们需自备球拍、网球及专业运动装备，这也从侧面反映了高校在提供必要网球用品方面的不足。

四、高校网球师资队伍情况

（一）年龄与性别

网球课程教学的质量与成效，在很大程度上取决于教师团队的结构与能力，尤其是教师的年龄分布对此影响显著。不同年龄段的教师在教学经验、精力投放、创新意识及问题洞察的深度广度上展现出各自的特色。可以说，一个合理的师资年龄结构，是引领网球教学进步、促进网球运动在高校蓬勃发展的关键。

调查发现，当前高校网球教师团队呈现明显的年轻化趋势，大部分教师年龄集中在40岁以下。这批年轻教师充满活力，乐于接纳新鲜事物，勇于迎接挑战，成为推动网球教学的主力军。他们对当代大学生的体育兴趣、偏好及需求有深刻的认知，能够敏锐地将这些理解融入教学实践中，勇于尝试教学组织与方法的革新，以灵活多变的形式激发学生的学习热情。

从性别来看，高校网球教师队伍以男性为主，女性教师数量偏少，性别比例失衡，这一点与体育领域普遍的性别构成特征相符。尽管如此，这样的结构特点也呼唤教育管理者关注性别多样性的重要性，尽可能吸引女性教师加入，以丰富教学视角。

（二）学历与职称

网球师资队伍的学历背景间接映射出其对网球理论知识的掌握程度，是衡量教学与训练水平的一个重要标尺。目前，高校网球教师队伍中，研究生学历者占据了较高的比例，相比之下，本科学历教师较少。高学历教师通常具备深厚的理论功底和较强的科研能力，这使得他们在网球教学中能够不断创新，推动教学质量的持续提升。

教师的职称不仅是其专业水平、能力和成就的象征，也是衡量教学水准的一个指标。据调查，高校网球教师群体主要由讲师和副教授构成，绝大多数拥有中级或副高级职称。这些教师不仅在网球专业理论与技术技能上根基深厚，且具有丰富的运动实践和教学经验，深谙体育教育与大学生身心成长的内在规律。他们正处于职业生涯的黄金时期，体力充沛、经验丰富，构成了高校网球师资队伍的中流砥柱，为学生有效学习网球技术和技能提供了强有力的支持。

（三）培训情况

网球作为一项高度专业化的体育运动，在我国高等教育领域内，其教学模式正随着教育理念的革新与现代化教学技术的快速发展而面临深刻的变革。传统教学观念、模式及方法正不断受到新思维与新方法的冲击，要求高校网球教育工作者必须紧跟时代步伐，通过定期参与各类专业培训与教育课程，不断吸收体育与教育领域的最新知识与技能，以提升自身的业务水平，以适应当下网球课程日新月异的发展需求。

众多高校已将年度继续教育课程纳入常态，作为提升教师专业素养、促进职称晋升的重要一环。此外，鼓励教师走出校园，参与各类外部培训与学术交流，是另一条提升网球教师专业教学能力的有效路径。然而，现实中教师参与外出学习与培训的机会相对较少，这不仅限制了教师获取网球发展前沿信息的渠道，还可能导致教学理念与方法的滞后，不利于新知识的融入与教学实践的创新，进而阻碍了高校网球教学的发展。

五、大学生网球学习动机

高校学生参与网球课程学习的动机是推动他们投身这一体育活动的内在驱动力，是激励学生在技能学习中保持积极态度的关键。深入了解并激发这些动机，能够使学生在网球学习中更加主动和专注，从而大幅提升教学实效。

调研结果显示，大学生学习网球的首要动机是增强体质，健康需求居于动机首位。此外，学生选修网球课的动机还包括掌握实用网球技巧、应对课程考核以获取学分、休闲放松以充实个人生活，以及培养新的兴趣爱好等。这表明，学生选择网球课程的初衷十分清晰且务实。然而，这也反映了学生对网球运动认知的局限性。大多数学生对网球运动的深层价值认识不足。网球不仅是一种体育活动，更是一种富含文化底蕴的生活方式，它能提升个人生活品质，促进自我价值的实现。学生对网球所蕴含的文化意义、提升生活质量和促进自我成长方面的价值认识尚浅，因而缺乏这方面的学习动机。

第二节 高校网球教学普遍存在的问题

一、高校网球普及程度低

尽管网球作为一项优雅的体育运动在全球范围内享有盛名，但在高校中，其普及程度明显滞后于篮球、足球、乒乓球及羽毛球等热门项目。通过访谈调研发现，很多大学生在踏入大学校园前未曾参与过网球活动。学生群体中，对网球的初步认知往往源自少数几部如《网球王子》的动画作品，或是经由网络平台、电视媒介获取规则与基础知识。实际上，有过网球实战经验的学生数量极为有限，这一现象在来自农村地区的学生中更为显著，他们中的绝大多数在大学前几乎与网球无缘。

网球运动之所以给人以"贵族化"的印象，部分原因在于其基础设施要求较高——网球场不仅占地广阔，而且建设及维护成本高昂。鉴于我国庞大的人口基数，同等资源若投入其他体育设施的建设中，将能服务于更广泛的人群。这种资源配置上的不均衡直接导致了国内网球场地的稀缺，这些稀缺资源多集中于省、市乃至部分高校及县级体育中心内，社会层面的网球场地则是凤毛麟角。如此一来，不仅阻碍了网球爱好者群体的扩大，也使得大多数高校学生在接触网球时不得不从零开始，进一步加剧了网球普及的难度。

二、校园网球文化氛围不浓

良好的运动氛围往往能够引起参与者和观众的共鸣，进一步吸引更多人投身运动，从而推动运动项目进入一个良性的发展轨道。在高校中，篮球、足球、乒乓球、羽毛球等运动项目，因其广泛的参与群体和丰富的赛事活动而享有浓厚的氛围。然而，网球运动在高校的发展相对滞后，由于缺乏足够的网球文化宣传和推广，网球场周边几乎难以看到相关的宣传内容，导致网球运动的氛围相对较弱。在竞赛方面，除了个别高校举办的新生网球杯和网球校队参与的一些比赛外，网球竞赛的频次和规模都远不及其他项目，这使得学生学习网球的热情减退，技术水平的提升也受到了制约，从而影响了网球在高校的推广与发展。

三、高校网球教学理念、方法落后

相较于乒乓球和羽毛球，网球的入门门槛较高，它不仅技术要求严格，还需要长时间的学习与实践积累才能达到对打水平。对于毫无基础的大学生而言，科学的课堂教学理念与创新的教学方法，对于他们掌握并提升网球技能尤为关键。

当前高校网球教学大多沿袭了传统模式，初期即强调标准化的网球技术训练，这对学生的身体协调性、平衡感及空间感知能力提出了较高要求。遗憾的是，多数学生难以立即达到这些技术动作的标准，造成了一定学习障碍。在具体的教学实施中，以正手和反手技术教学为例，流程从正确的握拍方式开始，逐步过渡到技术讲解、示范、挥拍练习、击球实践等环节，最终到集体练习与分组实践。这一过程中，教师与学生都致力于追求技术动作的精确与规范，然而这样的教学方式往往显得机械、单一且缺乏趣味性。每周仅一次的课程里，大量时间被用于反复纠错，学生亲自体验网球乐趣、主动探索技术的时间则相对有限。结果，学生非但未能有效掌握规范的技术，与他们所向往的自如对打相距甚远，而且随着课程推进，最初的好奇心与学习热情也逐渐消退，取而代之的是对网球学习的兴趣缺失。

四、高校网球场地设施不足

高校作为高层次人才培养的摇篮，拥有较为完备和多样的体育设施，为培育国家所需顶尖人才提供了坚实的基础。然而，相较于其他运动项目，高校在网球场地资源上的配置显得相对匮乏，不仅难以满足基本的教学要求，而且在课余时段，一些学校的网球场甚至不对学生开放。这一现象成为限制网球运动普及与发展的一个瓶颈。

通过综合分析相关资料，并与业内教师深入交流，我们发现，尽管网球运动在高校中日益受到重视，多数学校已将网球纳入课程体系，但配套的网球场地却很少，且多为室外场地，在教学中几名学生需要共享空间，这不仅严重妨碍了训练效果，还因学生间的相互干扰和潜在安全风险而影响了教学质量。尤其对于初学者而言，网球本身的技术门槛较高，场地的短缺进一步挫伤了他们的学习积极性，导致教学成效大打折扣。

五、高校网球师资力量薄弱

网球运动以其时尚性、高雅气质、充满激情与创新的特点，深受高校学子的喜爱，完美契合了当代大学生的品位与追求，本应是激发学生体育热情的绝佳载体，但高校网球师资力量薄弱严重制约了学生对网球运动的参与积极性和效果。

首先，网球教学面临师资力量短缺的严峻挑战。高生师比使得每位教师需承担大量教学任务，难以实现对学生个体差异的精准关注与指导，导致教学效果与质量大打折扣。课堂上，密集的学生群体难以获得充分的个性化指导，影响了技能掌握的深度与广度。

其次，网球教师的专业化程度不足成为另一大瓶颈。当前，很多承担网球教学任务的教师并非出自网球专业背景，而是从其他体育项目转岗而来，他们往往依靠自学掌握网球技能，缺乏系统性的专业培训与深造。这种情况下，教师在技术传授上的局限性以及理论知识的不完善，直接制约了教学质量和学生技能提升。

六、网球学习缺乏连续性、全面性

高校网球教学涵盖了正反手击球、发球、高压球、截击及切削等多种复杂技术，但由于该运动的高度专业性和有限的课程设置，实际教学通常侧重于正反手基础技术，而其他技术则作为辅助内容穿插其中。在一学期仅为18周的课程安排里，还得应对诸如恶劣天气和学生实习安排等不可控因素，进一步压缩了宝贵的网球教学时间。

普通高校体育课程主要集中在大一、大二两个学年。根据教学大纲，大一着重基础技能培养，大二则旨在技能提升。然而，实际情况显示，即便是大二所谓的"提高班"，也有超过半数的学生未曾接触过网球，这导致班级内基础参差不齐，既有零起点新生也有具备一定基础的学生，给统一教学带来了巨大挑战，破坏了网球教学应有的系统性和连贯性。即便尝试分组教学以适应不同水平的学生，受限于场地资源紧张和总课时不足，仍难以满足所有学生的学习需求，进而影响了课堂教学成效，降低了学生课外自主练习的兴趣。这种状况导致部分大二学生选择转向其他体育项目，使得他们在网球技术学习上出现断层，无法全面、系统地掌握网球运动的各项技能。

第三节　影响高校网球教学质量的主要因素

一、影响高校网球教学质量的教学主体因素

（一）教师因素

在高校网球教学中，网球教师既是教学活动的精心策划者，也是学生网球技能的启蒙导师。他们的一举一动，无不对学生的学习态度与成果产生深远影响。因此，提升自我，以更好地服务于学生的学习需求，成为每位网球教师不可或缺的责任。一名优秀的高校网球教师，应当是网球技艺与理论修养并重的典范。他们不仅需要掌握精湛的专业技术，确保每一次挥拍、每一个步伐都能精准到位，成为学生模仿的标杆；还必须拥有深厚的理论功底，能够深入浅出地讲解网球运动的科学原理与战术策略。此外，清晰、准确的语言表达能力，配合规范的动作示范，是传递知识、纠正错误的关键。不可忽视的是，卓越的组织管理与激励技巧，能有效提升课堂效率，激发学生的学习动力，营造积极向上的学习氛围。总之，网球教师要具备全方位的专业教学能力，这直接影响到最终教学效果。

1.教师技术水平和动作示范能力因素

网球教学质量的基石在于教师的技术水平，这一要素贯穿于教学的每个环节。网球课堂上，教师的细致讲解与精确示范，搭配学生的积极参与和模

仿练习，构成了教学互动的核心框架。教师的技术水平，如同一把标尺，直接量度着学生能否精准掌握技术动作的深度与广度。

一名技术高超、专业过硬的网球教师，是引领学生步入正确技术轨道的引路人。他们不仅能够准确无误地传授自身所学，更重要的是，凭借敏锐的洞察力，及时捕捉学生操作中的偏差，实施有效纠正，确保每一位学生都能在正确的道路上稳步前行。这种精准的指导能力，是建立在教师深厚技术底蕴之上的，是高质量教学的保障。

动作示范作为体育教学的基石，其重要性在网球教学中尤为凸显。它是一种直观而生动的教学语言，使抽象的理论知识转化为具体可感的动作形态，直接展现在学生面前。教师通过流畅、标准、美观且简洁的动作展示，为学生树立了一个看得见、摸得着的学习模板。学生正是通过仔细观察、模仿这些示范动作，逐步在大脑中构建起动作的初步模型，随后通过反复实践，将这些模型内化为自身稳定、准确的技术动作，实现从模仿到掌握的飞跃。因此，网球教师必须确保自己的动作示范达到极高的标准：精确而不失优雅，规范又有效率。这样的示范不仅是技术教学能力强的直观体现，更是激发学生学习兴趣、增强学习效果的催化剂，对全面提升网球教学质量具有不可估量的价值。

2.教师语言表达能力和组织管理能力因素

在网球教学的广阔舞台上，语言表达作为教师与学生沟通的桥梁，其作用无可替代。它不仅是教学过程中最直接、最频繁的交流工具，更是激发学生兴趣、引导思维方向的钥匙。教师通过事先详细解说技术动作的精髓、学习的侧重点及练习策略，为学生铺设一条理解与实践的预热路径。这种初步的认知构建，为后续的技术动作学习奠定了认知基础，影响着学生吸收与掌握技术的速度与深度。因此，具备出色语言表达能力的教师，能够运用其精湛的口授技巧，以清晰、简洁的方式，生动阐述教学内容，激活学生的学习欲望，加速技术动作的内化过程。然而，网球教学的艺术不仅仅体现在技术动作的精湛展示上，更在于教师对技术要点的深刻理解和生动阐释。一位优秀的网球教师，不仅要在技术动作上做到炉火纯青，还需深入挖掘每个动作背后的逻辑与难点，用精练生动的语言将其剖析透彻，辅以恰到好处的语音

第二章　高校网球教学现状、问题与优化建议

语调，确保信息的准确传达，使学生能在轻松愉悦的氛围中，深刻领悟技术真谛。

教学活动的顺利进行，离不开教师出色的组织管理能力。这要求教师在教学内容与方法的选择上具备创新意识，同时有效管理和分配有限的场地与器材资源，合理规划学生的分组与指导，以及科学调控教学的强度与节奏。组织管理能力不仅是教师教学技巧的集中体现，更是衡量教学成效的重要标尺。在网球课堂上，良好的组织管理意味着有序的教学流程，能够确保每个学生都能在适宜环境中高效学习，避免课堂混乱对学习效果的负面影响。但是，不少网球教师过于聚焦个人技术水平的展现，而忽视了教学组织与管理能力的培养。他们往往满足于简单介绍技术动作和练习方法后便让学生自行练习，忽略了课堂组织的重要性。这种做法忽视了良好的课堂秩序对提升教学质量的积极作用，限制了学生潜能的充分发挥。

面对有限的教学资源与条件，提升网球课教学质量的关键在于教师能否有效提升自身的课堂组织管理能力。在制定教学内容时，应充分考量学生的实际水平与能力差异，力求教学内容既丰富多样，又贴合学生实际，避免因内容过载或难度过大而造成的挫败感。在教学进度的安排上，教师需灵活调整，基于学生技术掌握的实际情况，确保教学节奏既不过快也不滞后，尽量让大多数学生能够跟上步伐，确保学习的连贯性和有效性。

（二）学生因素

1.学生学习动机因素

网球运动，自其诞生之初作为贵族绅士的专属，便蕴含着文明礼仪之风，传递着快乐与友谊，与当代社会对精神文明的追求不谋而合。尽管学生处于成长期，价值观尚在塑形，但他们对时尚的追求、对未来的憧憬，展现了积极向上、勇于探索的精神风貌，这种正面价值观是推动学习的强大内驱力。因此，在网球教学的实践中，教师的角色不应仅限于技术和知识的传递者，更应成为学生正确价值观的引导者。通过网球运动特有的文化内涵，培养学生的文明礼仪意识，强调运动中的尊重与合作，不仅能够深化学生对运

动精神的理解，还能激发他们学习的积极性与主动性，从而在享受运动乐趣的同时，促进学习效果的显著提升。这种教育方式，将学生的内在动力与外在技能学习有机结合，为提升教学成效开辟了新的路径。

2.学生认知程度因素

学生对网球的认知深度直接关联到其对课程价值的认同及兴趣的培养。积极向上的认知态度能激发学生对网球运动的兴趣，促使他们自发且主动地探索和亲近这项运动，成为驱动自主学习的核心引擎。正所谓"知之者不如好之者"，兴趣是引导学习的最佳动力。因此，网球教学中，教师应当采取多种策略，致力于学生网球兴趣的培养，这不仅能够活化教学氛围，提升教学效果，更是播下"终身网球"理念的种子，为学生长远的体育生活奠定基石。

3.学生学习态度因素

在网球学习中，积极向上的学习态度是通往精通之路的基石。令人担忧的是，调查发现，多数学生在课外鲜少主动探究网球理论知识，而当前高校网球课程受制于紧凑的课时安排，往往无法系统开设网球理论课程，仅能在技术教学前后给予简短介绍或作为课后任务布置，依赖学生自我学习。不幸的是，学生对于课后网球理论学习的积极性并不乐观，且一部分学生表达了对设立专门网球理论课程的迫切需求，这一现象侧面反映出学生在网球理论学习态度上的缺失，以及对这项运动认识的不足与误区。网球，作为一个技术细腻、内涵深邃的体育项目，其理论知识的掌握至关重要。它不仅能够加速学生对技术动作的精准掌握，提升在训练与比赛中自我诊断和修正错误的能力，还是深化理解网球运动精髓的关键。从网球的历史沿革到战术创新，从经典打法到现代技术趋势，全面的理论学习能够拓宽学生的视野，丰富其战术思维，为技术的全面提升和个性化发展铺平道路。因此，强化网球理论学习，不仅是对学生学习态度的考验，更是提升其网球综合素养，促进技能提升不可或缺的一环。

二、影响高校网球教学质量的教学环境因素

教学环境作为教学活动的依托，是影响教学质量的基石。它涵盖了先进的教学设施、充裕的场地资源、积极向上的学习风气、高素质的教师队伍以及和谐的师生互动等多个维度。一个优质的教学环境，不仅为教学活动的顺畅进行提供保障，还直接促进了教学效果的提升，对教师和学生均产生深远的正面影响。它不仅激励教师探索更高效的教学方法，也鼓励学生积极参与学习过程，共同推进教学活动向更深层次发展，对于揭示教学规律与实现教学效果最大化具有不可小觑的作用。

（一）有形环境因素

网球教学作为一种对场地条件高度依赖的教育活动，其成效在很大程度上受制于环境因素。网球运动的技术特性决定了技能提升离不开频繁而高强度的练习，而这无疑对教学场地提出了高标准要求。充足的场地资源不仅是学生学习和实践网球技能的物理基础，更扮演着激发潜力、促进技能精进的关键角色。它不仅确保了课堂学习的高效进行，更为学生课外自主练习提供了广阔空间和频繁机会，对于巩固课堂所学、提升技术水平至关重要。

遗憾的是，部分高校面临的网球场地短缺问题，已成为网球教学质量提升的一大瓶颈。有限的场地条件不仅限制了学生在课堂上进行充分技术动作练习的机会，导致技术掌握不扎实，学习成效打折，同时也对教师的教学活动产生了连锁反应。场地资源的紧张，限制了教师教学手段的多样性与创新性，使得教师难以实施个性化指导，及时纠正学生的错误动作，难以高效组织教学活动和灵活调整教学进度，从而影响了整体的教学质量和学生的学习体验。

相比之下，一个配备良好场地设施和丰富教学资源的教学环境，对网球教学活动的促进作用不言而喻。它不仅为教师提供了施展教学才华的舞台，鼓励教师采用多元化的教学策略，如分组教学、个别指导等，以适应不同学生的学习需求，还确保教师能够实时反馈学生的技术表现，及时进行精准指

导与纠错，大大提升了教学的针对性与效率。此外，良好的教学环境还便于教师科学规划课程结构，合理安排教学内容与进度，使教学活动更加系统化、高效化，最终推动教学效果显著提升，也为教师自身专业成长与教学能力的持续优化创造有利条件。反之，场地资源的严重匮乏，不仅直接阻碍了教学活动的顺利组织与管理，还间接抑制了教师教学潜能的释放。在受限的教学条件下，教师被迫采取单一、传统的教学模式，难以有效激发学生的学习兴趣与动力，导致教学互动性减弱，学生学习成效受限。这一现状强调了改善教学场地设施条件、优化教学环境对于提升网球教学质量的重要性。

（二）无形环境因素

无形的教学环境包括学习氛围、师生人际关系等。这里主要分析师生关系对网球教学质量的影响。

师生关系，作为教育领域内一种独特的人际联结，其深远影响超越了单纯的教学互动，触及学生和教师的心理与个性成长。在网球教学中，良好的师生关系对于技术传授的效果、学生的学习态度与兴趣激发具有直接且显著的正面作用，是确保教学活动顺利进行、教学质量提升及教学成果优化的强有力支撑。

传统师生关系框架下的不平等性，深深烙印着历史文化的痕迹。教师作为教学活动的多重角色承担者——组织者、管理者、内容设计者及评价者，往往被赋予绝对权威的地位，这种权威性在体育教学中尤为显著，构筑起师生间一道无形的墙，限制了真正的沟通与理解。体育课堂上，教师依据个人经验和教学计划单向输出，加之体育活动的体力消耗特性，学生在敬畏与服从的情绪中参与，难以形成积极主动的学习态度，和谐愉快的课堂氛围与亲密无间的师生关系由此变得遥不可及。更甚者，传统教学观念倾向于偏爱技术出众的学生，而忽视或轻视基础薄弱者，这种差异化对待进一步加剧了师生情感的疏离，削弱了学习动力，不利于整体教学环境的健康发展。

随着社会对和谐氛围的普遍追求和教育改革的深入推进，高校体育教育正经历一场深刻的变革，其目标逐渐转向促进学生个性化发展和构建新型师生关系。在这一转型背景下，高校在追求教学水平提升的同时，也应将营造和谐校园文化、增进师生情感联系置于同等重要的位置，这是顺应时代要求、实现体育教学现代化的必由之路。新型师生关系倡导平等、尊重与对话，鼓励教师从权威的讲台走向学生中间，成为引导者、伙伴和鼓励者。这意味着教师应倾听学生的声音，尊重个体差异，为每位学生提供适合其特点的学习路径和指导，特别是在网球教学中，通过耐心辅导、积极反馈和个性化指导，激发每位学生的潜能与兴趣，消除技术差距带来的心理障碍。同时，建立开放的教学氛围，鼓励学生提问与质疑，让体育课堂成为师生共同探索、共同进步的活力场域，以此促进师生情感的正向循环，构建起基于信任与理解的紧密纽带，为网球教学乃至整个体育教育的高质量发展奠定坚实的人文基础。

三、影响高校网球教学质量的教学反馈因素

教学过程是教师与学生互动交流的动态双轨，其中教师扮演着设计者、引导者与调控者的角色。他们不仅设定教学目标，规划教学蓝图，还精选教学方法，旨在通过精准的信息反馈机制，不断调整教学策略，确保学习成效的最大化。这一基于反馈信息的教学调整过程，即教学反馈，是教学质量持续优化的关键环节。

教师在教学活动中承担着监测学生学习进程，根据反馈信息适时调整教学速度与深度的重任。若大多数学生在技术掌握上呈现迟滞，教师需适度放缓教学进度，确保全体学生能紧跟教学步伐，反之，若学生群体普遍表现出色，教师则可适当加速，引入新技能，以满足其求知欲。这种灵活的反馈调控机制，不仅让教师得以实时审视自身的教学成效，激发其教学创新与自我提升的热情，还增强了教学自信心，为教学质量的提升注入了强大动力。与此同时，教师应及时将学生的学业表现反馈给学生本人，通过正面或建设性的评价，激励学生的学习热情。正面评价如同催化剂，能够显著增强学生的成就感与归属感，而建设性的反馈，则指明了改进的方向，使学生感受到教师的关注与期待，从而加深师生间的情感联结，激发学生内在的学习动力。

体育教学中的反馈控制机制，遵循时间序列，可细分为三类：课前反

馈、即时反馈及课后反馈。课前反馈，发生在教学活动启幕之前，教师通过分析学生的基础水平、先前技能掌握情况及对即将教授内容的深入理解，预判可能遇到的教学难点，并预先制订应对方案。这一过程为教学活动的顺利展开奠定了坚实基础。即时反馈，则是课堂上的即时互动与调整，教师通过密切观察学生的练习情况、聆听学生反馈，迅速做出判断，适时调整教学方法和进度，一对一或集体指导，确保每位学生都能在当前水平上获得最佳学习体验。这种即时响应，确保了教学的灵活性与高效性。课后反馈作为教学活动的收尾与反思，通过测试、问卷或讨论等形式，系统评估教学成果，识别存在的问题与不足。教师据此反思教学策略，提炼经验教训，为未来教学活动的优化提供依据。

（一）课前反馈因素

在网球教学前，充分利用课前反馈机制，对确保教学活动高效进行及达成优异教学成果至关重要。这要求教师必须事先全方位了解学生状况，涵盖其网球基础认知、技术能力、体能水平等方面，同时深入备课，熟练掌握即将传授的内容。遗憾的是，当前部分高校网球教师在课前准备上尚存不足，不仅对教学内容的掌握不够深入，影响了教学过程的有效控制，还限制了教师在遭遇课堂突发问题时的应变与解决能力。

更进一步，尽管多数教师会常规性地评估学生的网球基础，却往往忽略了学生个性特质与心理状态的考察。教师与学生间的深入交流与理解，不仅基于技术层面，更需触及学生的内在世界，包括他们的性格倾向、心理动态等。缺乏对学生个性特征的足够认识，可能会在无形中筑起师生沟通的壁垒，影响教学互动的深度与广度。

（二）课堂即时反馈因素

网球教学是一个动态交互过程，涉及教师讲解示范与学生倾听模仿的双向互动。教学成效的提升依赖于教与学的紧密配合与相互促进，而及时有效的课上反馈机制就能起到桥梁作用。教师通过观察学生的学习表现，收集反馈信息，据此调整教学策略，激励学习进步，这一系列动作构成了教学互动的闭环。然而，现实中面临诸多挑战。由于课程时间有限、教学任务繁重及学生人数众多，部分学生反映在课堂上缺乏个性化指导，技术动作的及时点评与纠错成为奢望。这种状况下，教师难以根据每位学生的学习进度和能力差异灵活调整教学内容和节奏，往往倾向于按部就班地推进课程，忽略了个性化教学的重要性，导致教学质量与学习成效受损。

此外，学生自我反馈能力的缺失也是不容忽视的问题。在缺乏教师即时反馈的情况下，学生自我评估和调整学习策略的能力显得尤为重要。但现实中，许多学生尚未建立起主动寻求自我反馈的习惯，尤其是面对新技能学习时，他们往往处于被动接受状态，缺乏对自我表现进行有效分析和调整的意识及技巧。这不仅限制了学生自我提升的潜力，也加大了教师教学效果的提升难度。

（三）课后反馈因素

在网球教学实践中，课后反馈作为教学循环的延伸环节，是评估学生学习成效与优化后续教学策略的重要环节。它通常涉及教师通过布置作业、课后询问、期末考核等多种渠道，系统检查学生的学习成果，并据此识别教学中的不足，据此调整后续课程内容与进度。遗憾的是，当前网球教学中，这一环节往往被边缘化，教师们倾向于严格遵循既定的教学计划与进度，而忽视了课后反馈对教学质量提升的潜在价值。调查发现，学生与教师在课后的互动交流相当有限，教师对学生的课外指导也显得不足。课后辅导作为一种补充教学模式，其价值在于巩固课堂所学，拓宽学生知识面，培养独立思考与创新能力。教师通过语言提示、分析评价等手段，指导学生自我反思，使学生在实践、体验与思考中深化对技术动作的理解，并明确自身技术缺陷，为及时修正铺路。

实际上，课后辅导为教师提供了另一种利用反馈控制优化教学的途径，能够捕捉到课堂上难以获取的个性化反馈信息。课堂上，由于学生众多，个体差异显著，部分学生可能因害羞或害怕失败而隐藏真实学习状况，影响了教学活动的全面性和深入性。相反，课后一对一的辅导环境更有利于教师精准把握每位学生的技术掌握情况，直接获得第一手反馈信息，为教学的微调与优化提供精准导向。这一过程不仅使教学体系更加完善、系统，还极大增强了教师对整个体育教学过程的控制力，确保教学活动更加高效、针对性强，从而推动教学质量的持续提升。

第四节 高校网球教学的优化改革建议

一、加大高校网球文化宣传力度

  任何体育运动的普及与兴盛，都离不开广泛而深入的宣传推广。网球运动在高校的起步较晚，相较于其他项目，其文化根基相对薄弱，且多数学生在踏入大学校门之前并未涉足网球，对这项运动的文化认知尚处于较低水平。要促进网球在高校领域的蓬勃发展，关键在于两方面的努力。

  首先，强化网球文化的宣传教育。高校应通过多渠道、多形式提升网球可见度，如在课堂教学中融入网球历史文化、规则礼仪的讲解，利用校园宣传栏和网球场周边设置知识普及区，介绍网球装备、竞赛文化等，以此增强学生对网球文化的理解与认同。同时，课程设计上应包含网球基础知识与技能的实践教学，让学生在实践中感受网球的魅力。

  其次，要充分利用现代信息技术的优势，借力社交媒体平台，如微信、QQ群组、高校公众号等，发布网球相关的学习资源，包括技术教程、战术分析、比赛规则解读、礼仪指南及精彩赛事视频，丰富学生的线上学习体验。鼓励学生参与线下网球活动，如现场观赛，亲身体验网球比赛的激烈与优雅，从而在学生群体中营造浓厚的网球文化氛围，激发他们对网球的兴趣与热爱，为网球在高校的普及与深入发展奠定坚实的基础。

二、规范教材，优化网球课程体系

教材作为网球教学活动的信息载体，是构建高效教学体系的基石，为教学实践提供了科学指导。时至今日，体育教材的开发已不再局限于提升学生的体质健康、基本运动技能等基础层面，而是更加侧重于教材体系的规范化建设，旨在促进学生德、智、体、美、劳全面发展，培养其创新思维和适应社会所需的综合能力，同时强调教材内容与现代社会经济生活紧密相连，以增强其时代性和实用性。

高校在网球教材的选用上已有较好的基础，但仍面临一些挑战。当前教材虽重视技术动作的教学，但在心理训练、运动损伤预防及安全措施等环节的覆盖尚显不足。从横向看，网球知识的阐述未能充分融合其他学科知识，缺乏跨学科的视角；从纵向分析，教材内容设计未能充分考虑学生不同成长阶段的身心特点，忽略了知识的连贯性与阶梯式递进，导致教学内容单调、难度与学生实际需求脱节。鉴于此，高校亟须组建一支由专家领衔的团队，立足于社会发展现状与学生参与网球运动的实际需求，紧密结合教学目标与大纲，开发一套内容实用、结构科学、贴合学生身心发展规律的网球教材。该教材应注重网球技术教学与心理调适、伤害预防等多维度内容的融合，增强教材的跨学科渗透性，确保各部分内容既符合学生各成长阶段的特点，又能在难度与兴趣点上与学生体育需求精准对接。

三、加强网球场地设施建设和管理

近年来，尽管高校的网球场馆设施在规模与品质上有所进步，但面对学生数量的快速增长，加之管理效率尚待提高，网球场馆资源仍然呈现出明显的供不应求态势。针对这一现状，多管齐下的策略显得尤为关键。

首先，注重观念的革新与资金的倾斜。高校管理层及上级监管部门应积极响应网球运动的蓬勃发展趋势，加大对网球教学与运动的投入，改善硬件设施条件。建立专项领导机构，专责体育设施的规划与建设，确保网球馆及相关设施的完善，为网球教学提供坚实的物质基础。

其次，优化管理机制，提升运营效能。建立健全体育场馆设施的管理制度，配套奖惩机制，定期培训管理人员，以提升网球馆在使用时间与空间上的灵活性与效率，确保资源的最优配置。

再者，科学规划场馆使用，保障教学与训练质量。针对教学、训练及课外活动的具体需求，合理安排网球场馆的使用时间与空间布局，这不仅有利于维护学生安全，也有助于教师有效控制课堂，增加学生技能练习机会，促进技术的快速提升。

最后，注重日常维护与环境美化，营造宜人的运动氛围。在网球场馆的管理中，维修保养工作与环境美化需并重，通过绿化和环境艺术的点缀，为学生打造一个美观、舒适的网球运动环境。这样的环境不仅利于学生身心健康，减轻学习压力，还能在视觉上吸引学生，激发其对网球运动的兴趣，培养长期参与的良好习惯。

四、改进网球教学理念与方法

首先，树立"快易网球"这一创新教学理念。与传统教学模式相比，它更注重寓教于乐，通过游戏化的教学手段，让学生在参与中学习，运用"十步教学法"，从非正规技术动作起步，直接引导初学者参与对打，使学生在实战体验中逐步领会技术要领。随着技能的积累，再逐步引入技术规范、发力技巧等深层次内容，让学生在享受比赛乐趣的同时，自然掌握网球技能，这种教学模式更契合学习者的认知规律，极大激发了学生的学习兴趣和参与热情。

其次，针对高校网球教学中场地紧张及初学者适应性问题，优化教学设施与装备显得尤为关键。通过调整场地规格，采用短式网球场代替标准场地，不仅解决了场地不足的困境，还降低了初学者的入门难度。同时，改用过渡球替换标准网球，因其重量轻、反弹低、速度慢的特点，更易于学生控制，可显著提高学习效率，有效避免学生因技术难度大、挫败感强而导致的兴趣流失，实现教学效果与学生体验的双重提升。

最后，乘着互联网的东风，高校网球教学应积极拥抱数字化转型。通过建立QQ群、微信群等线上平台，教师可便捷地分享各类网球教育资源，包括技术演示视频、比赛录像、规则解析及网球文化介绍等，为学生提供丰富多元的学习材料。这种线上辅助教学方式，不仅拓宽了学生的学习渠道，增加了他们对网球运动的理解与认识，还激发了学生自我提升的欲望，形成了课堂内外互补的学习体系，有效促进了学生网球技能的快速提高。

五、提升网球教师队伍的专业水平

（一）加强学术交流，提高教师业务水平

强化师资队伍的建设与提升，是优化网球教学质量的关键。应加大对教师选拔与培养的投资，注重提升现任教师的专业技能水平，优化教师队伍在学历与职称上的结构配置。鼓励教师参与各类专业培训与进修项目，不仅强化教学实践能力，还应重视提升其科研水平，全面增强教师业务素质。对于网球教师，特别强调继续教育的重要性，可通过邀请业界资深专家进行校内培训，深化教师的专业知识与前沿认知。学校还应活跃教研氛围，定期举办专家讲座、学术研讨等多元化活动，为教师搭建交流平台，促进教学理念与方法的碰撞交融，有效提升教师的教学创新能力，进一步推动网球课程教学的深入发展与质量飞跃。通过这些举措，不仅能够激发教师队伍的活力与潜力，还能够确保网球教学紧跟时代步伐，满足学生多元化、高质量的学习需求。

（二）提高教师业务素质，适应课程要求

随着体育知识体系的演进，其展现出多学科融合与健康优先的鲜明导向，促使体育教育体系向更人性化、开放多元的方向发展。网球体育教师在此背景下，需不断提升个人素养，融合科学文化与专业技能，勇于在教学实践中探索创新，强化实践技能，拓宽知识视野，为构建更加全面、创新的网球教学理论框架贡献力量，为高校网球教育的蓬勃开展奠定坚实基础。

六、加强教学主体之间的交流与反馈

在高校网球教学中，教师与学生之间的沟通是教学质量提升的桥梁。教师应当主动加强与学生的互动，深入了解每位学生的具体学习状况，及时答疑解惑，精确指出并纠正技术动作中的错误，鼓励学生，激发其对网球运动的兴趣与热情。此外，教师还需延伸交流的触角至课外，利用面对面会谈或现代通信技术，如社交媒体和在线平台，跟踪学生课后练习进展，这不仅助力教学任务的高效完成，还为后续课程设计提供宝贵反馈，确保教学活动有的放矢。学生层面，积极发挥主体作用同样重要。他们应主动向教师报告学习进展，及时获取个性化的指导与评价，同时，鼓励学生内部的交流与合作，通过分享学习经验与技巧，形成互助学习的小环境，共同进步。为促进这一交流机制的良性循环，高校可将师生互动情况纳入教师绩效评价体系，激励教师主动优化沟通策略。同样，学生的学习评价体系也应涵盖其在团队协作与反馈交流中的表现，以此全方位营造教学相长的氛围。

七、以"学会、勤练、常赛"路径深化网球教学改革

全面深化体育教学改革，关键在于践行"学会、勤练、常赛"的教学理念，这一理念在高校网球教学中尤为关键，具体要从以下几方面着手深化网球教学改革。

第一，"学会"。在网球课堂上，这不仅意味着学生要掌握基本的运动技能和网球专项技术，还需深入理解网球理论知识，学会科学的体能锻炼方法，以及树立健康的生活观念。为此，高校应确保学生在大一、大二连续选修网球课程，形成学习的连贯性，以期全面掌握网球技能，促进技术的均衡发展，确保每位大学生至少掌握一至两项运动技能，满足体育教育的基本要求。

第二，"勤练"。"勤练"是技术精进的关键。网球作为一项强调实践与操作的运动，每周一次的课程，难以让学生彻底掌握并固化技术动作，甚至

会导致技能退化。因此，倡导学生在课内外持续练习，不断重复与优化技术动作，这对于初学者而言尤为重要，它能够稳固课堂所学，为更高级别的技术学习奠定坚实基础。持续练习，无论是在课堂还是课外，都是提升网球技能不可或缺的一环，确保技术的持续进步与完善。

第三，"常赛"。"常赛"体现了体育的本质——竞技与娱乐的完美结合。通过组织校内外各级别的网球比赛，如班级对抗、院系联赛乃至更高级别的校际比赛，不仅能够点燃学生的参赛热情，还能在实战中磨砺技术，让学生亲身体验比赛的紧张与乐趣，感受网球独有的魅力和激情，营造积极向上的网球文化氛围，进一步推动高校网球运动的普及与发展。

"学会、勤练、常赛"理念，遵循了运动技能学习的内在规律，它不仅能够有效激发学生的学习动力，提高参与度，也是当前网球教学改革的重要路径，预示着未来体育教学改革的普遍趋势。这一模式不仅促进了学生在网球技能上的提高，也为其他体育项目教学改革提供了可借鉴的范例，是推动体育教育现代化的重要举措。

第三章　快易网球教学理念在高校网球教学中的应用与实施

　　网球运动在高校中日益受到学生的热烈欢迎，报名选修网球课程的人数显著上升。这一趋势导致了网球教学场地资源的紧张，传统教学模式难以满足网球运动迅速扩张的需求，进而凸显出革新教学方法的紧迫性，以缓解当前网球教学资源的压力。面对这一挑战，高校要突破原有教学框架，引入先进的教育理念与技术，革新传统体育教学方式。在此背景下，将"快易网球"教学法引入高校具有重要的现实意义。"快易网球"紧密贴合了新时代教育创新发展的要求，专为初学者设计，其核心在于通过"简明"且"高效"的教学策略，强化学生的学习成效。该方法不仅增加了课程的吸引力，还通过游戏化等互动形式，使得课堂氛围更加活跃，从而提升了学生的学习兴趣，也更好地契合了普通高校培养人才的目标。本章主要对快易网球教学理念在高校网球教学中的应用与实施进行研究，内容主要包括快易网球的概念与特点、快易网球教学原则与方法、快易网球在高校的推广价值与应用的可行性分析，以及推动高校快易网球发展的对策。

第一节　快易网球的概念与特点

一、快易网球的概念

"快易网球"是由国际网球联合会推出的一项革新性教学方法，是一种通过改变网球场地器材条件，有针对性地培养网球初学者网球兴趣、运动技能的教学方法。快易网球教学方法通过创新性地调整网球场地和器材设置进行教学，不仅降低了入门难度，使得学习过程更为轻松愉快，同时也加速了学生从基础到熟练的过渡。①

对于网球爱好者而言，"快易"与"乐享"构成了他们参与这项运动的两大核心需求。"快易"教学法重视的是通过简化复杂的技术动作、采用高效的训练策略以及创造易于理解的学习环境，帮助初学者在短时间内迅速掌握网球基本技能。这不仅缩短了学习曲线，还让初学者在不感到挫败的情况下享受进步的乐趣。在此基础上，"乐享"概念进一步提升了学习体验，它强调将游戏化元素融入教学过程中，让学生在轻松愉快的氛围中加深对技能的理解和应用。通过组织小型比赛、趣味活动以及团队合作挑战等形式，学生能够在实践中巩固技能，同时体验到竞技的刺激和团队合作的快乐。这种方式不仅增进了学生之间的交流与互动，还激发了他们探索网球运动深层次技巧的兴趣，从而在不知不觉中增强了个人技术和战术意识。②

总的来说，"快易"与"乐享"相结合的教学方法，旨在打造一个既注重效率又充满乐趣的学习环境，让网球成为一项使学生易于上手、乐在其中的终身运动。

---

① 卢河根. "快易网球"教学理念与方法在高校网球教学中的应用研究[D]. 石家庄：河北师范大学，2017：82.
② 周光德，支玮. 高校网球运动教学分析与创新[M]. 北京：中国纺织出版社，2022：54.

二、快易网球的特点

（一）场地器材的改进

对传统网球装备进行改良，以适应不同水平学生的学习需求。具体措施包括调低网球的内部气压、增加球体直径，并引入彩色球以适应不同的训练阶段。这样做不仅减轻了球的重量，降低了弹跳高度和飞行速度，还极大提高了初学者对球的操控性。具体来说，教学中采用了三种特制球：

红色球：气压仅为标准网球的25%，适合网球启蒙阶段，帮助学员轻松学会基础击球。

橙色球：气压升至标准球的50%，随着学生技术水平的提升，逐步过渡到这个阶段，增强对球的控制力和力度感知。

绿色球：气压进一步增至标准球的75%，适用于已掌握基本技巧，正向更高水平迈进的学员，锻炼更精准的击球和策略运用。

针对标准网球场地过大可能给初学者带来的不便，教学中巧妙地对场地进行优化分割，将其转化为多个更小的练习区域。这种做法不仅缩短了学生间的相对距离，让学生能更快判断球的落点并及时到位回击，还无形中提升了他们在连续对打中的耐力和反应速度，营造了一个既高效又愉快的学练氛围。这样的设计能够让学生在享受网球的同时，逐步提升技巧，深化对这项运动的理解。

改进网球场地器材主要是为了适应初学者特别是青少年的生理和心理特点。标准网球因其高弹性和较快的飞行速度，往往超出初学者的身体协调能力和力量范围，导致他们在标准场地上难以连续对打，大部分时间可能都花费在捡球上，而非技能学习本身。这种体验不仅影响技术掌握，还严重削弱了学习的积极性和乐趣，不利于网球兴趣的培养。此外，快易网球教学法的核心理念是通过简化和游戏化教学，让学生快速体验网球对打的乐趣，这是掌握网球技能、激发持久学习动力的关键。因此，采用特制的低气压、大直径彩色球以及缩小的球场，能够确保初学者在较短时间内实现连续对打，体验到网球作为对抗性游戏的魅力。这样的调整降低了学习门槛，使得学生能

第三章　快易网球教学理念在高校网球教学中的应用与实施

够更快掌握基本发球和击球技巧，参与到简单对抗中，从而在实战中不断进步，享受成功的喜悦和成就感。

（二）教师角色的转变

在传统网球教学模式中，技术展示与理论解析常常是分开进行的，这种分离式教学法，有时会导致学生虽能模仿动作却缺乏对技术背后原理的理解，影响了学习的深度和效率。而快易网球教学法则打破了这一局限，它强调在教师深入解析技术动作原理的基础上，对技术进行科学分解，每一步都精简到易于掌握的程度，既保证了技术的完整性，又大大降低了学习曲线的陡峭度。教师在这里扮演着双重角色：既是技术的传授者，也是教学创新的先行者，负责设计和实施更加高效的教学方案。

更重要的是，快易网球教学法突出了"以学生为中心"的教育理念。课堂上，教师不再是单纯的知识输出者，而是转变为引导者和协助者，通过精心设计的情景模拟和教学情境，激励学生主动探索和实践，鼓励学生间相互学习、共同进步。这种互动式的教学环境不仅提高了学生的问题解决能力，还激发了他们的学习热情，使他们在实践中不断发现自我潜能，促进个人技能与心智的全面成长。

（三）竞争与合作意识的培养

网球运动无疑是技术、智慧和体能的完美融合，赛场上的每一个正确决策都是无数次训练积累的结晶。因此，在网球教学实践中，构建一个既充满竞争又强调合作的学习环境显得尤为重要。这种环境能够激发出学生内在的求胜欲，同时促进他们相互支持、共同提升。快易网球教学理念深谙此道，它不仅强调技术的快速掌握和轻松学习，更重视在学习过程中培养学生的团队精神和合作意识。通过小组合作练习、配对比赛等形式，学生能在互动中学习彼此的优点，共同克服技术难题，这种正向的互助氛围有助于建立开放沟通、频繁交流的学习环境。快易网球鼓励学生在轻松愉快的小型比赛中将课堂所学运用于实践，这些比赛不仅让学生体验到胜利的喜悦和竞争的乐趣，更重要的是，它们成为学生建立自信心、锻炼心理素质和提升战术思维的宝贵平台。

总之，快易网球教学法通过整合竞争与合作的元素，不仅促进了学生技术技能的快速提升，还深化了学生对团队合作价值的理解，为学生创造了一个既有挑战性又充满支持的学习生态系统。

表3-1　网球技术练习中合作与竞争关系表[①]

教学内容	合作	合作和竞争	竞争
击打落地球练习	小组内两边进行对打接龙练习，要求把球控制在对方比较舒服的位置，以此增加稳定性	小组内搭档进行对打练习，在规定区域内保证不会失误，然后调动对手	小组内组织击打落地球比赛
网前与穿越练习	小组内一半人在网前，一半人在底线，进行接龙对打练习，要求不能失误，将球控制在对方舒服击球位置，提升控球能力	小组内搭档进行网前与穿越练习，可使用挑高球，在规定区域内保证不能失误的前提下调动对手	小组内进行拦网与穿越比赛
发球与接发球练习	小组内进行发球与接发球练习，练习结束后组内讨论发球与接发技术、失误、成功原因	小组内组合搭档进行发球与接发练习，然后规定区域对打，比赛看谁失误少	小组内组织发球与接发球比赛

第二节　快易网球教学原则与方法

"快易网球"这一理念，正如其名所示，旨在让网球初学者能够以轻松

[①] 卢河根. "快易网球"教学理念与方法在高校网球教学中的应用研究[D]. 石家庄：河北师范大学，2017：23.

第三章　快易网球教学理念在高校网球教学中的应用与实施

快捷的方式，高效掌握网球的各种基础技能。它不仅仅追求技术的快速习得，更强调在掌握技术后，通过丰富的实践活动，让学生在享受运动乐趣中促进身心健康，实现"快乐运动，健康生活"的目标。作为一种面向初学者的系统性教学方法，快易网球通过简化复杂的网球技术，采用循序渐进的教学步骤，大幅度缩短了学习周期，有效激发了学生对这项运动的兴趣。它打破传统网球学习中对"球感"长期适应的壁垒，使学生无须长时间摸索球性，就能直接参与到对打中来，体验网球竞技的直接乐趣。快易网球教学的精妙之处在于它能够跨越年龄界限，无论是儿童、青少年还是成年学员，都能找到适合自己的学习节奏，迅速感受到网球运动的独特魅力。下面具体分析进行快易网球教学应遵循的基本原则和采用的主要方法。

一、快易网球教学原则

（一）最优挑战原则

网球运动因其激烈的竞争性和技术性而备受喜爱，如何在网球教学中巧妙利用这些特性，激发学生的挑战欲望和学习热情，是提升教学效果的关键。快易网球教学法特别强调根据学生实际学习状况动态调整教学目标和任务，以确保既不过于轻松也不过分艰难，从而达到最佳的教学平衡。在实践中，这意味着教师需具备敏锐的观察能力，时刻留意每位学生的学习进展和情绪反应，确保设定的教学目标既有足够的挑战性以激发学生的斗志，又不至于遥不可及，避免学生因频繁遭遇失败而失去信心。例如，可以通过分层次设定目标，为不同水平的学生提供适配的挑战，既能让基础薄弱的学生感受到进步的喜悦，也能让技术较好的学生面临新的难关，持续推动自我超越。

此外，合理安排教学任务同样重要，任务应设计得既能巩固已学技能，又能适度引入新知识，促使学生在团队合作或个人努力中达成目标。通过团队比赛、技能挑战赛等形式，不仅可以增强课堂的趣味性和互动性，还能在实战中提升学生的战术理解和应用能力。当学生通过自身的努力或团队合作实现了既定目标，他们会从中获得成就感和满足感，这种正向反馈会进一步激发他们对网球运动的热情，促使他们在课内外都更加积极地投入练习，不仅能提升学生的技能水平，他们的体质也逐渐得到增强。

在网球教学实践中，若学生能轻松执行击球动作，展现出良好的协调性和连贯性，或在练习中能力不足，乃至在比赛中轻易获胜时，表明现有教学任务已不完全匹配其能力发展。此时，教师应及时调整教学策略，以维持适当挑战性。具体措施包括更替训练用球，使用性能更接近标准球的，增加难度；调整训练场地规格，缩小场地，促进步法敏捷，或选择更大的场地，以提高全场移动能力；发球多样化，包括不同速度、旋转及落点，提升应对复杂来球的能力；创新比赛规则，如限制击球方式或提出特殊得分条件，激发策略思考；变更得分制度，加快比赛节奏或增加获胜难度；以及合理调配对手水平，促进技能的检验与提升。简而言之，随着学生技能的发展，教学目标与任务亦需灵活挑战，确保学生在适宜的挑战中持续进步。

（二）同质分组原则

同质分组在快易教学中的应用，关键在于消除学生和教师对分组可能产生的误解，确保分组被视为促进个性化学习和整体进步的积极措施，而非对学生的等级划分。正确的分组认识是"快易"教学得以顺利实施的前提，要求教学团队明确传达分层的目的是更精准地匹配教学内容与学生需求，优化资源配置，促进每一位学生在最适合其当前水平的环境中学习和成长。

在网球选项课中实施分层次教学，要在尊重学生个体差异的基础上，将学生按照网球技能水平、体能状况和学习能力等因素分成不同小组。这种分组不改变课程的整体教学目标和计划，但允许教师针对各组的具体情况调整教学方法和进度，确保每个层次的学生都能在适合自己的难度下接受指导，实现有效的技能提升。分层教学的优势在于它能够更精准地满足不同层次学生的学习需求，减少因学生能力差异过大而造成的教学效率低下问题。通过因材施教，学生可以在适宜的挑战中获得成功体验，提升学习动力和自信心。同时，这对教师的专业能力提出了更高要求，教师需要具备更强的课程设计能力、学生评估技巧和灵活应变的教学策略，以应对不同层次的教学需求。

尽管分层教学法会增加教师的工作负担，包括前期的分组评估、个性化教学计划的制订以及持续的进度跟踪与调整，但这也为教师提供了专业成长的契机。教师应积极面对挑战，通过优化教学流程、利用教学技术工具和开展同行交流等方式，提高教学效率与质量，最终实现教学相长，促进学生全面发展与自身专业技能的同步提升。

（三）区别对待原则

学生的多样性是教学中不可忽视的事实，这些差异性源自其独特的生物、心理和社会背景，具体可分为可变性差异与不可变性差异两大类。不可变性差异，即学生固有的优势，应当被识别并积极利用，以促进其个性化发展。基于这一认识，教学中实行区别对待原则，意在通过深入了解每位学生的独特性，调整教学策略，以满足不同学生的需求，实现真正意义上的因材施教。

在网球教学中，教师需细致观察每位学生的能力、兴趣和学习风格，根据他们的实际情况定制教学计划。举例来说，对于理论理解能力强的学生，可以更多地通过讲解战术策略来增强他们的比赛意识；而对于动手能力强、偏好直观学习的学生，则可通过频繁的示范和实践操作来加强技能训练。通过这样的差异化教学，每个学生都能够在其擅长和感兴趣的领域得到强化，同时在薄弱环节得到针对性辅导，促进全面发展。

对比之下，传统的"一刀切"式集体教学虽然在一定程度上保证了教学的统一性和效率，但忽略了学生之间的个体差异，导致部分学生可能因为进度过快或过慢而感到挫败或无聊，无法充分发挥其潜力。因此，转向以学生为中心、强调差异化和互动性的快易教学，成为提升教学质量和学习成效的关键。教师的角色也从单一的知识传递者转变为学习的引导者和支持者，通过启发式教学激发学生主动探索和深度学习，确保每位学生都能在课堂中获得成长与进步。

二、快易网球教学方法

（一）情景带入教学法

网球运动不仅是一项竞技体育，也是一种富含趣味的游戏。快易网球教学理论通过将教学内容巧妙融入游戏化的场景之中，旨在唤醒和培养参与者对网球的热爱，让学习过程不再枯燥乏味，而是充满乐趣和挑战。在快易网球教学实践中采用情景带入教学法至关重要。它通过设计各种模拟真实比赛的场景和游戏，让学生在轻松愉快的氛围中自然而然地掌握网球技能。比如，通过设置障碍物击球、计时挑战、角色扮演等创意环节，学生在享受游戏乐趣的同时，也在不断地练习发球、接球、移动等基本技术，以及策略思考和快速反应等高级能力。这种寓教于乐的方式，不仅激发了学生的参与热情和竞争意识，还提高了他们的独立思考和问题解决能力。学生在模拟比赛的情境下，需要自行判断球路、制定战术，这种实战演练比单纯的技能重复更有助于学生对技术的内化和战术的理解。此外，情景教学法通过模拟比赛的紧张氛围，让学生在"玩中学""学中玩"，有效提升了他们的抗压能力和适应比赛环境的能力。

需要注意的是，快易网球教学法并没有牺牲技术训练的严谨性去过分追求乐趣。相反，它将技术训练巧妙融入游戏化的教学活动中，实现了技术和乐趣的完美结合。

（二）分解与完整教学法

快易网球教学在设计上巧妙融合了分解法与完整教学法的优势，以适应初学者的学习需求，确保技术掌握的高效性与完整性。

在分解教学中，首先将复杂的网球技术动作拆解为一系列简单易学的小步骤，每一部分单独练习，有助于学生在初始阶段集中精力，逐一克服技术难点，降低了初学时面临的整体技术难度，增加了学习的可操作性和成功率。这一过程不仅降低了学生的挫败感，还使其逐步建立了学习的信心。

第三章 快易网球教学理念在高校网球教学中的应用与实施

在分解教学的基础上，要逐渐过渡到完整教学，确保学生在掌握各部分技术的基础上，能够逐步过渡到对整个技术动作的连贯执行。在学生对分解动作熟练后，逐步引入顺进分解教学法，即在复习旧动作的同时引入新动作，逐步构建起技术动作之间的自然连接，这种递进式的学习路径，既巩固了先前的学习成果，又逐步增加了训练的深度。当学生能够自如地在练习中串联起所有分解动作时，便引导他们过渡到完整的技术练习，让学生在实际操作中，体会技术动作的整体架构与各部分间的内在联系。这一过程不仅让学生在宏观层面把握技术动作的全貌，还深化了他们对技术细节的微观理解，实现了从局部到整体、从基础到复杂的有序学习进程，有效提升了教学效率。

（三）渐进式教学法

体育动作技能的形成是一个循序渐进的过程，涉及四个关键阶段：首先，建立动作概念阶段，学生通过观察和理解动作的原理和目的；接着，建立正确的动作感觉阶段，学生开始尝试动作，体会肌肉的协调与发力；随后进入反复练习纠正阶段，通过不断练习和纠正错误，逐渐优化动作；最后，巩固和提高阶段，技能趋于稳定，并在实战中得到进一步提升和灵活运用。运动技能的形成原理要求在体育教学中适当采用渐进式教学方法。

在快易网球教学中，渐进式教学法的应用尤为突出，它与运动技能的形成过程高度契合。该方法主张从学生实际水平出发，设定易于掌握的低难度起点，随后逐步增加难度与复杂性，确保学生在每一步都能体验到成功的喜悦，从而激发学习积极性。具体实施时，教师结合传统教学手段与快易网球特有的教学方式，如使用特制球、调整场地大小、设计游戏化训练等，创造一个由浅入深、环环相扣的学习环境。此外，教师要适时将复杂技术分解为一系列简单步骤，并结合多样化的训练方法，如模拟比赛、分组对练等，让学生在实际操作中不断巩固技能。

第三节　快易网球在高校的推广价值与应用的可行性分析

一、快易网球在高校推广的多元价值

（一）适应高校网球课程教学的需要

1.丰富网球课教学内容，提高网球课教学质量

快易网球教学法的精髓在于其以学生为中心，强调个性化教学的同时，也重视团队合作精神的培养。这种方法不仅关注技术技能的传授，更重视激发学生对网球运动的内在兴趣和持久热情。通过教师的精心引导和循序渐进的教学策略，学生能够在一个充满乐趣与挑战的环境中逐步掌握网球技巧，同时在团队活动中培养集体荣誉感和社交能力。

针对多数大学生在入学前缺乏网球基础的现状，快易网球教学特别注重初期的兴趣激发和基础知识的普及，利用色彩鲜明、易于操控的特制球具，以及调整后的球场尺寸，降低初学者的入门门槛，让学生即便在没有网球基础的情况下，也能迅速体验到击球和对打的乐趣，从而转化为持续学习的动力。教学中，教师采用游戏化的教学模式，将原本可能枯燥的技能训练转化为有趣的互动游戏，这不仅丰富了课堂教学内容，还极大地提升了学生参与的积极性和课堂活跃度。通过分组竞赛、技能挑战等形式，学生在游戏中不仅学会了网球技能，还在不知不觉中锻炼了策略思维、增强了体质，感受到了团队合作带来的成就感和归属感。这种教学方式的实施显著提升了高校网球教学质量。

2.多元化教学手段的实施，有利于培养合作与竞争意识

快易网球教学法的引入，无疑为高校体育课程改革注入了新鲜血液，它

第三章　快易网球教学理念在高校网球教学中的应用与实施

不仅顺应了体育课堂教学多元化的发展趋势，而且在提升学生团队合作精神和竞争意识方面展现出独特优势。该教学方法巧妙地结合了现代教育理念与网球运动特点，通过"十步教学法"等创新手段，为学生提供了一个既轻松又高效的网球学习环境。

在传统网球教学面临场地与器材资源紧张的背景下，快易网球教学法凭借其对场地和器材的灵活适应性，有效缓解了这一难题。它通过使用特制球具和调整场地布局，降低了对专业设施的依赖，使得更多学生有机会接触到网球运动，拓宽了受众面。该教学法强调以学生为中心，注重学生个体差异与能力培养，不仅教会学生基本技术，更注重在团队合作与竞技活动中培养学生的综合能力。通过小组教学、游戏化学习等方式，学生在互动中学习技术，发现问题，通过团队协作解决问题，这种模式不仅促进了学生对技术的快速掌握，还加强了学生之间的沟通与合作，提升了集体荣誉感和责任感。

在快易网球的课堂上，学生在团队竞争与合作中不断成长，技术与心理素质同步提升。这种教学模式鼓励学生在实践中探索、反思与创新，激发了学生的学习热情与自我提升愿望，为学生未来步入社会、处理人际关系、公平竞争与高效合作提供宝贵的实践经验。因此，快易网球教学法不仅是一种教学方法的革新，更是促进学生社会化的有效途径。

3.提高学生综合素质

快易网球教学法在提升学生自信心、促进个性化发展以及增强自主学习能力方面展现出显著优势。

首先，通过强调合作训练，快易网球教学创造了一个包容与鼓励的学习环境，让学生在团队中感受到进步和成功，这种正向反馈极大地增强了学生的自信心。当学生能够迅速看到自己在网球技能上的提升时，他们对继续学习和掌握更高难度技术的信心也随之增强，形成良性循环，不仅提升了运动技能，也激发了对网球的持久热情。

其次，快易网球注重个体差异，鼓励根据学生实际的身体条件和学习能力进行个性化教学调整。这种方法确保每位学生都能在适合自己的节奏和难度下学习，不仅能够充分发挥个人潜能，还能有效规避弱点，促进学生在技术上和心理上的全面发展。个性化教学的实施，让学生感受到被关注和尊重，进一步激励他们挖掘自身特长，实现个性化成长。

最后，快易网球通过激发学生的兴趣，有效地促进了自主学习能力的提升。当学生对网球产生浓厚兴趣时，他们会主动寻求学习资源，积极探索和实践，这种内在动力是提高学习效率和质量的关键。快易网球通过游戏化教学、分层次的挑战等手段，让学生在享受乐趣的同时自发地深入学习，不仅掌握了网球技能，更重要的是学会了如何学习，这种能力对他们未来的学习和生活都将产生深远影响。

（二）突出高校体育的健身价值

1.突出学生渐进性训练，强化健身价值

网球运动如今在高校中蓬勃发展，成为广受大学生欢迎的健身项目。但随着参与者的急剧增长，教育资源分配不均、场地器材短缺、师资力量不足等问题日益凸显，加之选修课程内容的单一化和教学模式的传统化，使得高校网球课程的吸引力大打折扣。在此现状下，快易网球教学模式的引入有效缓解了资源紧张的现状，以其创新的教学理念与方法，重新激活了学生对网球运动的兴趣，丰富了课程内容，提高了教学互动性，从而在有限条件下最大化地促进了学生身心健康，能够重新点燃网球运动在校园体育健身中的作用。

渐进性训练理论，源于美国生理学家艾德蒙·捷克渤逊的研究，强调通过改变身体行为来影响情绪状态，这一理念与快易网球教学法在高校的推广不谋而合。快易网球教学通过分步骤、由简入难的技术训练，让学生在轻松愉悦的氛围中迅速掌握网球技能，从而在实际操作中体验到成就感，这种正向反馈不仅促进了技能的提升，更重要的是，它在学生心中播下了对网球运动喜爱的种子。随着学生在课余时间越来越多地参与网球锻炼，他们在身体上直接体验到网球运动带来的乐趣和健康效益，这种积极的躯体体验逐渐转化为对网球运动的深厚情感。当网球不再是一项陌生或难以掌握的运动，而是成为学生日常生活中不可或缺的一部分时，它在学生心中的地位自然提升，甚至可能成为首选的健身方式。

第三章 快易网球教学理念在高校网球教学中的应用与实施

2.突出学生主体地位，提升健身效能

在当前素质教育的大背景下，强调学生的主体地位是教育改革的核心之一。这意味着教育不仅仅是知识的单向传输，更是学生主动探索、自我驱动学习的过程。在体育教学领域，尤其是网球教学中，快易网球教学理念恰好体现了这一要求，它致力于将学生置于教学活动的中心位置，教师则扮演引导者和辅助者的角色，共同构建一个以学生发展为导向的教学环境。

在快易网球教学实践中，"学生为主体，教师为主导"的教学理念体现了一种和谐互动、共同促进的学习氛围。这意味着，学生不再是被动接受知识的容器，而是积极参与、主动探索的学习者，教师则是引导者、激励者和辅助者，两者之间的关系相互依存，共同推动教学活动的有效进行。具体来说，学生在这样的教学模式下，被赋予更多的自主权和探索空间，教师鼓励他们根据个人兴趣和能力，创造性地解决问题，从而在学习网球技术的同时，培养独立思考和创新思维的能力。这种以学生成长为核心的教育方式，不仅让学生在运动中找到乐趣，享受运动过程，还通过不断的成功体验累积成就感，增强自信心，激发对网球运动的持久热情，形成对体育锻炼的内在需求和动机。教师在此过程中通过精心设计教学内容和活动，创设富有吸引力和挑战性的学习情境，使教学贴近学生实际，引发学生兴趣，做到乐于教学、善于教学、追求优质教学。最终，这种教学模式不仅提升了学生的运动技能，更重要的是，它促进了学生身心健康全面发展，从心理上增强了学生的自我效能感，从身体上通过增加体育锻炼时间和优化锻炼动机，达到提升健身效能的目标。

3.教学与比赛协同发展，促进网球教学与健身共生

快易网球教学在高校体育教育中的应用，为提升网球教学质量和促进学生身心发展提供了有效路径。该教学法具体通过以下几点实现教学与比赛的协同发展，以及与校园文化建设的有机融合。

首先，激发学习动力与兴趣。快易网球通过简化网球技术，降低初学者门槛，使学生能在较短时间内体验到网球的乐趣，从而激发他们的学习积极性和参与度。这种积极的学习态度是持续参与体育运动并形成终身体育观念的关键。

其次，促进技能与心理素质同步提升。参与校内外的网球比赛，不仅能让学生在实战中检验和提升自己的技战术水平，还能在竞技压力下锻炼心理承受力、团队合作精神和社会适应能力，这些非技术性因素同样是体育教育的重要组成部分。

再次，优化教学与训练结构。在快易网球教学中，教学内容与训练方法紧密相连，模拟比赛场景的训练方式让学生在学习中体验到比赛的氛围，使得教学与训练不再割裂，而是相互渗透、相互促进，形成了一个自身组织的动态优化过程。

从次，强化校园体育文化。通过组织网球比赛和相关活动，可以有效提升校园体育文化的活跃度，营造出浓厚的体育氛围，进一步激发学生参与体育运动的热情，同时也为校园文化的多元化发展贡献力量。

最后，建立稳定的教学与健身关系。长期坚持快易网球教学与比赛相结合的模式，能逐步构建起教学、训练、比赛与健身之间的良性循环，让学生在持续参与中形成稳定的体育锻炼习惯，从而达到身心健康全面发展的目标。

（三）有利于培养学生的终身体育意识

1.强化终身体育意识导向

终身体育意识的培养是一个循序渐进的过程，它根植于学生体育课堂的系统学习与课外自主锻炼的持续实践中。学校体育作为学生体育启蒙的首要场所，承担着塑造学生体育观念、激发运动兴趣、培养运动习惯的重任。在此过程中，强调学校体育的主导作用和学生主体地位是实现这一目标的关键。这意味着，教师需通过创新教学方法，使课堂内容生动有趣。以网球为例，通过快易网球教学，吸引学生的注意力，引导他们从被动接受转为主动探索，从而在学习网球技术的同时，逐步建立起对运动的正确认知。

网球运动因其独特的魅力，成为培养学生终身体育意识的理想载体。它集合了有氧与无氧运动的优点，不仅能够促进身体健康，增强心肺功能，提高身体协调性和灵活性，更在心理层面，通过不断的挑战与自我超越，磨炼

第三章　快易网球教学理念在高校网球教学中的应用与实施

学生的意志力、耐力和应对压力的能力。在这一过程中，学生不仅能够体验到运动的乐趣，还能形成积极向上的人生态度，进一步增强对网球运动乃至体育运动的认同感。

高校网球课程应当着眼于长远，注重通过网球这一媒介培养学生对体育的全面认识和持久热爱，使其成为学生终身体育生活的一部分。网球课程设计应包含理论与实践的结合，不仅教授运动技能，也要传播体育文化，培养体育精神，让学生明白参与体育运动的深远意义，从而在内心深处树立正确的体育价值观，形成主动参与、持续锻炼的生活习惯。最终，通过快易教学，网球课程将成为孕育终身体育意识的沃土，为社会输送具有健康体魄、坚韧意志和高度社会责任感的青年人才，同时也为我国全民健身战略的深入实施奠定坚实的基础，培养出更多能够引领和指导群众体育活动的优秀人才。

2.加强终身体育学习兴趣的培养

学生作为体育课堂的主体，其学习体验和效果是衡量教学质量的重要标尺。教师通过创新的教学手段和方法，激发学生"乐于运动、享于运动"的热情，是体育课堂成功的关键。快易网球教学法的引入，正是对这一理念的积极响应与实践。快易网球教学法通过简化技术学习过程、强调游戏化和互动性教学，快速吸引了学生的注意力，使学生在轻松愉快的氛围中掌握网球技能。这种方法不仅显著提高了教学效率，更改变了学生对网球运动的认知，让网球不再是高门槛的"贵族运动"，而是成为触手可及、乐趣无穷的大众健身方式。学生在享受运动的同时，也对网球运动产生了浓厚的兴趣，这种兴趣正是驱动他们持续参与乃至终身学习网球的重要动力。

在终身体育意识的培养上，快易网球教学法发挥了重要作用。它通过降低学习难度，让学生在短时间内看到自己的进步，从而增强自信心和成就感，这种正向反馈机制促使学生对体育活动产生持久的兴趣和热情。当学生在体育选修课堂中获得了积极的体验，体育就不再是简单的课程要求，而成为他们校园生活乃至未来人生的一部分，为终身体育锻炼意识的形成打下了坚实的基础。

此外，快易网球教学法的推广，响应了国家全民健身的战略号召，不仅丰富了高校体育课程的内容，还通过提升学生的体育技能和兴趣，间接促进了校园体育文化的建设，为社会体育的发展培养了具有良好体育素养的高素质人才。可以说，快易网球教学法在高校网球课程中的应用，是对传统体育教学模式的一次革新，对促进学校体育与群众体育融合发展，提升国民整体健康水平具有重要意义。

二、高校引进与应用快易网球的可行性分析

（一）高校教学改革为快易网球的开展提供有利机会

高等教育在学生的个人成长与职业生涯规划中占据着举足轻重的地位，然而，面对日新月异的社会需求，当前高校的教学内容和模式显得滞后，亟待革新。教学改革的浪潮正推动着教育界探索更为高效、贴近实际的教学方法和手段，以期打破传统灌输式、教师中心论的束缚，转而倡导以学生为主体，强调自主探索和实践能力的培养。长期以来，单一的讲授式教学模式过分强调教师的主导地位，忽视了学生的主观能动性，导致学生在被动接受中逐渐失去了学习的热情与动力，这对于培养具备创新精神和社会责任感的高素质人才构成了障碍。此外，现行评价体系偏重于理论知识的考核，而忽视了对学生情感态度、团队合作等综合素质的全面考量，不利于学生的全面发展。在此背景下，快易网球教学法以其独特的教育理念与实践模式，为高校体育教学改革提供了一个理想的范例。快易网球不仅仅是一种运动技能的教学方法，更是一种教学理念的革新，它与当前高校教学改革的导向不谋而合，旨在通过引导启发式教学，确立学生的课堂主体地位，充分激活学生的主观能动性。该教学法通过趣味性、竞技性及娱乐性的有机结合，极大提升了网球学习的吸引力，使得原本可能显得枯燥乏味的体育训练变得生动有趣，有效激发了学生对网球运动的兴趣。

值得一提的是，快易网球通过使用大球（低气压球）和缩小的场地，降低了技术门槛，使初学者能够更快体验到成功的喜悦，显著增强了学习自信心。这一系列设计不仅有利于学生网球技能的快速提升，更在无形中促进了

学生的身体和心理健康，帮助他们在轻松愉快的氛围中享受运动，从而在身体锻炼的同时，实现心理的调适与成长。鉴于快易网球的这些优势，它无疑是与当前高校教学改革理念高度契合的。

（二）高校领导和体育教师对引进快易网球持积极态度

1.高校领导对快易网球的认可

大学院系领导作为教育航向的掌舵人，对引入快易网球至高校体育教学的倡议持积极态度，视其为推动教学创新与学生全面发展的重要契机。

首先，领导深切理解学生需求，认为快易网球以其较低的入门难度与突出的趣味性，精准对接学生兴趣点，能有效激发学生对网球的浓厚兴趣，为学生创造一个寓教于乐、促进社交的健康学习环境。

其次，从教师成长视角出发，快易网球教学法的实施，不仅拓宽了教师的教学视野，促使他们学习更多元的教学策略和前沿知识，还为教师提供了科研探索的新方向，有助于提升教学质量与教师个人专业素养。

最后，从高校发展的宏观层面考虑，领导认为快易网球作为教学模式的创新实践，是推动传统体育教学改革、响应时代教育要求的关键，有助于构建更具活力、更贴合学生需求的课程体系，完全契合当前高等教育追求创新与质量并重的发展趋势。因此，快易网球的引进，不仅是对教学内容的丰富，更是教育理念更新和教学质量提升的重要标志。

2.体育教师对快易网球的认可

体育教师在快易网球教学法的推广中扮演着至关重要的角色，他们是连接理论与实践、传统与创新的桥梁。体育教师对快易网球的引进也是比较支持和认可的，主要原因如下。

首先，教师认为快易网球颠覆了传统的以教师为中心的教学模式，转而强调学生的主体地位，教师则成为引导者和辅助者。这种转变要求教师更加关注学生在课堂上的心理动态，灵活运用多样化的教学手段激发学生兴趣，从而在培养学习热情的同时，也为学生终身体育习惯的形成打下坚实基础。学生在主动学习中快速提升网球技术，同时深化对网球运动的理解和欣赏。

其次，面对气候变化和场地资源紧张的现状，快易网球展现了其灵活性和适应性。它允许根据实际需要调整场地数量和大小，不仅解决了场地资源分配不均的问题，还显著提高了场地的使用效率，确保了更多学生能够参与其中，享受网球运动的乐趣。

再次，快易网球通过将复杂的网球技术动作分解为更易掌握的小步骤，降低了学习门槛，使得学生能够更快理解和掌握技术要领。这一过程不仅简化了学习路径，还加速了技能习得进程，有助于教师高效完成教学任务，同时显著提升了教学质量。

最后，教师普遍认为，快易网球的引入还促进了校园网球文化的繁荣。它不仅作为一种教学方法，更是一种文化传播工具，让网球文化和其带来的健康益处深入人心。教师与学生共同参与，体验网球的魅力，不仅增进了师生间的关系，也吸引更多学生加入网球运动，营造了积极向上的校园体育氛围。

（三）学生普遍接受快易网球

当前，高校大学生在网球学习中普遍接受和认可快易网球教学方式，主要原因在于，他们深刻认识到了该教学方式对自己学习网球和身心健康的积极作用。快易网球能够激发学生的学习兴趣并促进其对技能的快速掌握，首先，通过调整场地规模和使用低气压大球，快易网球降低了初学者的技术门槛，使得网球这项运动更加亲民，学生在练习过程中能够更快地感受到成功的喜悦，从而增强自信心。这种设计让学生在享受运动乐趣的同时，更加标准、全面地掌握网球基本动作，逐步建立起扎实的技术基础。快易网球还巧妙融合了竞争与合作的元素，提升了学生的竞技意识，并让学生在相互支持和鼓励的氛围中学习，即使面对失败，也能以积极的心态面对。这种竞争与合作并重的模式，不仅提升了学生的网球技能，还培养了他们的团队精神和社交能力。

此外，快易网球的健身价值也深受学生认可。作为一项结合无氧与有氧的全身运动，它不仅有助于提高身体的爆发力、速度、力量和协调性，还能够有效消耗能量，达到减脂塑形的效果。学生长期参与快易网球练习，还能

第三章 快易网球教学理念在高校网球教学中的应用与实施

显著改善眼、手、脚的协调性，全面提升身体素质。

（四）高校网球课时紧张，需要实施快易网球教学

快易网球教学法的引入，为解决当前高校体育教学，特别是网球课程面临的课时压缩与学生学习压力增大之间的矛盾提供了一剂良方。其设计之初便充分考虑到了快速学习与简化技术的双重需求，与大学网球课程的实际状况紧密贴合。

首先，"快"意味着快易网球教学法注重效率，能够在有限的课时内快速提升学生的网球技能。这一点对于课时紧张的大学环境尤为关键，通过优化教学流程和内容，确保学生即便在有限的接触时间内也能迅速掌握网球基础，满足了学生在繁忙学业之余快速学习新技能的需求。

其次，"易"字则着重于简化技术难度，将复杂的网球技术动作拆解为一系列简单易学的组成部分，便于学生理解和掌握。快易网球教学通过使用特殊设计的球具、调整场地大小和规则等方式，降低了技术门槛，使得初学者也能迅速获得成就感，避免了因技术难度过高而导致的学习动力下降。

快易网球教学法的初衷，正是为了满足社会上对快速掌握网球技能的需求，这与当前高校学生群体的期望不谋而合。在高等教育中，体育课程不仅能够增强学生的体质，也是培养学生兴趣、缓解学习压力的重要途径。快易网球教学的推广，正好回应了社会与教育界的双重期待，实现了教学内容与社会需求的无缝对接，证明了其不仅具有社会实用性，也完全适应于高校教学的环境与目标。

（五）高校网球场地设施短缺，需要发挥快易网球的优势

快易网球教学的引入，对于优化体育教学设施的利用、缓解场地资源紧张具有显著的积极作用。在当前高校体育教学中，特别是在网球教学领域，资源分配不均和设施不足是普遍面临的挑战。快易网球通过创新性的教学理念和技术手段，有效地解决了这些问题，为提升教学质量提供了新路径。

首先，快易网球通过改变场地使用方式，将标准网球场地灵活分割为多

个小型场地，这一做法极大地提高了场地利用率。这意味着在相同面积下，可以容纳更多的学生同时进行练习，从而缓解了因场地不足导致的排队等待或练习机会受限的问题。这种方式不仅解决了学生数量增长与场地资源有限之间的矛盾，还确保了每位学生都能获得足够的实践机会。

其次，快易网球采用的特殊设计球具，如低气压球，不仅降低了技术难度，使得初学者能更容易控制球，还减少了对专业网球场的严格依赖。这意味着在非专业场地，如多功能体育馆甚至开放空地，快易网球教学也能顺利进行，进一步扩大了教学活动的开展空间，减轻了网球场地资源不足的压力。

第四节 推动高校快易网球发展的对策

一、加大对快易网球的宣传力度

为了提升学生对快易网球的认知与参与热情，应当首先聚焦于加强其宣传与推广，确保快易网球的独特性、球类选择的灵活性、场地适应性、健康益处及其未来发展趋势为师生广泛认识与接纳。将快易网球的教育理念与创新教学法融入大学网球课程，对于显著提升高校网球教育的质量与成效至关重要。

提升快易网球宣传的效果，需依托科学且高效的策略，让受众通过亲身体验深刻理解快易网球的好处，从而提升其认知水平。这包括充分利用网球协会、高校网球队及网球俱乐部等平台，多渠道、全方位地推广快易网球。具体实施可从以下几方面着手进行。

第一，高校应主动发起网球文化宣传活动，借助学生社团的力量联合举办网球联赛或快易网球入门培训班，以吸引初学者，促进校园网球社群内的互动交流，有效扩大快易网球的影响力基础。

第二，将快易网球实验课程引入大学体育教学体系，通过教学实践直接展示其优势，用实证效果增加推广的可信度与吸引力。

第三，组织快易网球学习者参与比赛及表演活动，不仅展现网球运动的魅力，也让学生见证学习快易网球的轻松成效，激励他们积极参与网球运动，甚至踏上竞技舞台，体验运动中自我超越的乐趣。

二、进一步重视，加大经费投入力度

在推广快易网球的进程中，教育机构及相关科研领导的高度重视与大力支持至关重要。革新网球教学模式的道路难免曲折，因此，高校管理层必须深刻理解新课程改革所面临的机遇与挑战，精准把握对网球课程教学方法进行全面革新的必要性和深远意义。

首先，提升领导层对快易网球价值的认识，为教师团队创设丰富的专业发展机会，包括教学研讨会、外出交流学习等，使教师能紧跟现代教学理念和技术的步伐，掌握最新的教学技巧，从而更有效地服务于网球教育的长远发展。教师个人素养的提升，特别是创新思维能力的培养，对于提升教学质量至关重要，有助于准确捕捉网球运动的发展动态。

其次，资金支持是快易网球成功融入高校网球课程的关键。这包括加大对网球场地维护与升级、多样化球类配备及现代化教学辅助工具引入的财政投入。领导层的高度重视是推动这一切的基础，不仅能够加大网球师资队伍建设的投资力度，还能确保教学经费的充足，为快易网球教学创造有利条件。

总之，领导层的远见卓识与坚定支持是快易网球教学革新得以顺利推进的先决条件。

三、合理调整课程结构

在高校网球教学实践中，教师遵循教学大纲是基本要求，但鉴于学生的多样性和个性化需求，传统网球教学内容与目标往往难以全面覆盖，有时可能导致教学进度过快，部分学生难以跟上。快易网球的引入能够弥补这一不足，它通过整合多样化的教学工具与灵活多变的教学策略，有效优化了课程结构，使得教学内容更加贴合实际，易于吸收。

鉴于网球运动本身的技术门槛和初学者面临的挑战，教师需在课程设计与教学方法选用中精心策划，既要符合教育指导思想，又要遵循教学基本原则，更要关注学生的心理与生理发展特点。教师应当成为教学创新的实践者，灵活调整教学方法，确保课程既满足学生发展需求，又激发他们对网球的兴趣。这意味着，教师需深入理解每位学生的特点，针对性地采用创新教学理念，将新颖、高效的快易网球教学模式引入高校网球课程，以此来提升整体教学质量。

快易网球以其独特的优势，不仅助力实现课程内容与结构的动态调整，还特别强调根据学生特点实施个性化教学，对症下药，精准激发学生的潜能与热情。通过这种教学，不仅能够显著提升网球初学者的技能水平，更重要的是，能够让学生在享受网球乐趣的同时，深化对这项运动的热爱，最终促进网球文化的广泛传播与深度发展。

四、储备丰富的快易网球资料

丰富快易网球教学资源是将其成功融入大学网球课程的基石。为了有效实施这一策略，应采取以下措施来强化快易网球资料的积累与利用。

（一）定期采购与订阅专业资料

高校建立相关机制，确保本校图书馆和体育部门定期购入最新的网球杂志、学术期刊以及高质量的硕博论文集。这些材料涵盖了国际网球赛事动态、网球礼仪规范、网球运动发展趋势以及前沿教学理念等内容，为师生提供宝贵的知识源泉。通过阅读这些资料，师生不仅能掌握网球技术要点，还能拓宽视野，紧跟网球界的最新发展。

（二）投资于专业教材与教辅资料

专门采购快易网球教学方法的书籍、通用网球教学指南及关于快易网球教学器材选择的专业书籍。这些书籍能够为教师提供系统化的教学框架和方法论，帮助他们学习国际先进的教学案例，理解高水平教练如何运用快易网球技巧提升学员技能，同时也为教师选择合适的教学工具提供指导。

（三）建立在线资源库

除了实体资料，还应建立一个包含电子书、视频教程、在线课程等数字资源的平台。这能让师生随时随地获取快易网球的最新教学视频、技术分析、案例研究等，促进自主学习和教学方法的持续更新。

（四）开展讲座、参与研究与实践

高校邀请快易网球专家、资深教练及研究人员来校举办专题讲座，让师生有机会直接与行业专家交流，学习实践经验，同时也能增进校内外网球教育资源的互动与共享。

此外，高校要鼓励师生参与快易网球相关的教学研究项目，通过实地教学、案例分析等方式，将理论知识与教学实践紧密结合，不断优化快易网球教学模式。

五、培育与提升网球师资力量

学生是独立的、拥有个性化特质的人，教师在授课时必须重视学生的主体地位，激发他们的个性潜能，并给予正面引导，旨在培养学生的团队协作精神、自主学习能力和探索未知的主动性。这要求网球课堂教学具备高度的灵活性与引导性，摒弃陈旧的教学观念，纠正不当的教学行为。学校应鼓励和推动参与式和研究式教学，以锻炼教师的创新教学能力，并坚持"以学生为中心"的教学原则不动摇。

教师的专业成长与专业素养的提升极为关键，尤其对于网球教师而言，需结合个人的原认知能力和既有知识体系来因材施教。面对高等教育改革的不断深入，高校网球教师需树立终身学习的理念，不断吸纳新知，精进教学技艺，应依据自身教学能力和知识层次，甄选最为经济高效的教学方法，以促进学生网球学习兴趣的提升和技能的习得。传统网球教学常偏重单一技术的机械重复训练，而忽视了兴趣激发和综合技能的培养，这背后是对传统教学思想的过度依赖。因此，高校应从权威网球俱乐部聘请专业的快易网球教练，对本校教师实施快易网球教学进行专项培训。

强化高校网球师资队伍的专业能力，培育其创新意识和素养，是提升网球教学质量的关键。这样不仅能够促进网球教学方法的现代化，还能有效激发学生的学习动力，让快易网球教学成为学生全面发展的重要推手。

第四章　核心素养理念下高校网球教学改革与优化设计

网球课程作为高校体育教育的关键一环，肩负着践行立德树人宗旨及培养学生综合素质的重要使命。该运动不仅着力于提升学生的体育技能和体质健康，更侧重于塑造学生积极向上的态度、强化责任感、激发创新思维和自主性，使学生在挥拍间实现个人价值的认同与提升。同时，网球运动促进了团结协作精神的培育，加强了学生的团队合作能力，为他们适应未来社会的挑战奠定坚实基础，对全面培育学生的核心素养具有深远意义。然而，高校网球教学存在一些问题，影响了教学效果和育人质量，对此，必须将核心素养培育与网球教学联系起来，以此推动网球教学改革与创新，这将是今后高校网球教学改革的一个重要方向。本章主要基于核心素养理念对高校网球教学改革与优化设计展开研究，内容主要包括核心素养与体育核心素养的内涵、核心素养理念引领下高校网球教学改革的思路、核心素养理念下高校网球教学的优化设计、大学生网球核心素养的培育。

第一节 核心素养与体育核心素养的内涵

一、核心素养的概念与内涵

(一)核心素养概念提出的社会背景

要深刻领悟核心素养的精髓,首先需追溯其产生的社会脉络。迈入21世纪,信息技术犹如一股汹涌的浪潮,迅猛发展并迅速渗透至社会的每一个角落,为全球教育领域带来了前所未有的变革与挑战。面对信息时代的洪流,各国及地区纷纷启动核心素养研究项目,旨在培养适应新时代需求的人才,以期在全球竞争中占据优势地位。

互联网的普及与应用,不仅重塑了21世纪的工作形态,更催生了以知识与创新为核心驱动力的新经济模式。在这一背景下,经济活动日益依赖于新知的创造、技术的革新以及思维的革新,推动着产品迭代与国际贸易的繁荣。当前,全球经济正加速向知识经济转型,个人的知识积累、创新思维与技术掌握成为推动经济增长的关键要素。随着自动化与智能化技术的进步,许多重复性劳动已被机器所替代,这要求劳动者必须具备从事高复杂度工作、掌握机器无法替代技能的能力,这些能力在21世纪被视为人类必备的核心素养。

此外,伴随社会的持续演进与科技创新的飞速推进,新兴产品层出不穷,旨在满足多样化的市场需求,从而孕育出丰富多元的职业生态。社会分工的细化与职业领域的拓展,促使教育体系必须与时俱进,不仅要为当前劳动力市场的动态调整提供支持,更要前瞻未来,为未知职业的涌现奠定坚实基础。因此,我国教育的重心已转向培育学生具备适应性强、多面手的核心素养,旨在锻造既精通专业又能灵活应变的复合型人才,以应对日新月异的职业环境。

另外,互联网通信技术的蓬勃发展与经济全球化的深入融合,彻底改变

第四章 核心素养理念下高校网球教学改革与优化设计

了人类社会的生活方式，每个人都成为数字世界的公民。在全球化的大背景下，跨文化交流与合作日益频繁，社会文化景观展现出前所未有的复杂性和多样性。在此情境下，如何跨越文化鸿沟、促进多元共存、实现共赢合作、妥善处理人际关系中的矛盾冲突、把握机遇迎接挑战，以及在数字化时代合法合规地参与公共生活，成为摆在现代教育面前的重要课题。

总之，互联网信息时代的到来，不仅重塑了经济结构、催生了新型职业需求，也对人们的生活方式产生了深远影响。这一切变革对传统教育模式构成了巨大挑战，呼唤着教育理念与实践的根本性革新。在此背景下，核心素养的概念应运而生。

2014年，中华人民共和国教育部出台了一项具有里程碑意义的文件——《关于全面深化课程改革落实立德树人根本任务的意见》。此文件紧密贴合教育现代化的步伐，特别突出了"核心素养"这一全球教育领域内备受瞩目的焦点议题。"核心素养"自此跃升为教育界的热议话题，成为教育者们共同探索和实践的前沿概念。追溯历史，核心素养的概念最早于20世纪90年代初见端倪，随后，经济合作与发展组织（OECD）在1997年至2005年间开展的"素养的界定与遴选"研究项目，进一步明确了核心素养在个人能力体系中的核心地位。[①] 该项目认为，核心素养是现代社会成员应当具备的基本能力要素之一，它们构成了个人综合素质的基石，对于个体适应社会、参与经济活动及终身学习至关重要。自此，学术界与教育者对核心素养的本质及其构成展开了热烈的探讨。

（二）核心素养的概念

核心素养的概念是建立在素养基础之上的，顾名思义，即素养中最为核心的素养。我国有一些学者对核心素养概念的界定提出了自己的观点，下面列举几个具有代表性的观点。

[①] 万海波，李恒，王茹. 高校体育与学生发展核心素养研究[M]. 北京：人民日报出版社，2021：90.

柳夕浪指出："如果说素养是基本生活之所需的话，那么，核心素养则为优质生活之所需，它强调不同学习领域、不同情境中都不可或缺的共同底线要求，是关键的、必要的也是重要的素养，试图将核心素养与由核心素养衍生出来的其他素养区别开来。核心素养是少而精的。"①

褚宏启指出，可以把核心素养简单界定为："为了适应21世纪的社会变革，人所应该具备的关键素养。"简而言之，核心素养即"21世纪关键素养"②。

石鸥指出："核心素养是每个人发展与完善自我、融入社会及胜任工作所必需的基础性素养，是适应个人终身发展和社会发展所需要的必备品格与关键能力，是个体应具有的起基础和支撑作用的素养。"③

虽然我国教育学界不同学者对核心素养的概念有不同的界定方式，但简单而言，都认为核心素养是人类所应该具备的素养中最核心、最关键、最重要的那部分素养。人要在社会上生活，就应该具备很多素养，这是基础和前提，有些素养对人类生活而言是很重要的，但有些素养相对是次要的，核心素养指的就是那些人类生活中更加重要的素养，如果缺乏核心素养，必定会严重影响人类生活质量。④

（三）核心素养的内涵

在全球范围内，核心素养被视为一个综合性的概念，它涵盖了多个维度的能力与素质，但各国对于其具体内涵的理解与界定存在差异，体现了各自教育理念与社会需求的独特性。例如，美国将核心素养视为所有学生及职场人士必须掌握的一系列基本能力，其发展目标在于培养具备21世纪工作技能

---

① 柳夕浪. 从"素质"到"核心素养"——关于"培养什么样的人"的进一步追问[J]. 教育科学研究，2014（3）：5-11.
② 褚宏启. 核心素养的概念与本质[J]. 华东师范大学学报（教育科学版），2016（1）：1-3.
③ 石鸥. 核心素养的课程与教学价值[J]. 华东师范大学学报（教育科学版），2016（1）：9-11.
④ 尹志华. 体育学科核心素养的解构与阐释[M]. 上海：华东师范大学出版社，2021：36.

第四章 核心素养理念下高校网球教学改革与优化设计

与核心竞争力的个体,强调创新思维、团队协作、信息分析与技术应用等跨学科能力,以适应快速变化的工作环境。英国则侧重于将核心素养定义为年轻人为了未来生活所必需的关键技能与资质,包括但不限于批判性思考、有效沟通、问题解决、自主学习与时间管理等,旨在确保青年一代能够顺利过渡至职场,同时具备持续学习与适应社会变迁的能力。法国的核心素养概念强调个人职业能力的形成与知识、技能、社交能力三者之间的内在联系,视之为一个动态的学习过程,其中知识的积累与传播、技能的习得与应用、社交网络的构建与维护,共同构成了个人职业成长的基石。澳大利亚的核心素养则聚焦个体参与不断发展的工作形态与组织架构所必需的能力,包括创造力、批判性思维、跨文化意识、数字素养等,旨在促进个人在多元化职场中的有效互动与持续发展。德国的核心素养概念特别关注那些超越专业技能范畴的通用能力,如批判性判断、自主决策、终身学习倾向等,认为这些能力对于个人在职业生涯中应对不可预知的挑战与变化至关重要,强调了灵活性与适应性在现代工作环境中的重要性。

核心素养的内涵界定是一项复杂而精细的任务,它深深植根于各国独特的文化土壤、经济社会条件与教育理念之中。每个国家在界定核心素养时,都会考虑到本国公民应具备的素质、人力资源的需求、经济发展水平以及社会价值取向等因素,从而形成了具有本土特色的理解与诠释。尽管如此,核心素养所承载的核心特质——那些最为关键、必要、重要且普遍适用的素质,却构成了其不变的基石。它不是孤立存在的单一元素,而是由多个相互关联、相辅相成的组成部分构成的复合体,旨在培养个体的全面发展与终身学习能力。基于对国际上多个国家和地区核心素养研究的广泛借鉴与深入分析,结合中国国情与教育实际,中华人民共和国教育部对核心素养进行了系统而全面的界定。教育部指出,核心素养主要包括以下三个方面的内容。

1. 正确价值观

价值观,作为个体内心深处的一种信念体系,是人们对价值本质、价值标准以及价值取向的根本认知与评价。它源于人类对生存、享受和发展等基本需求的追求,是对周围世界及其现象所能带来的意义与价值的一种主观判断。价值观不仅影响着个人对事物好坏、是非的辨别,还深层次地塑造着个体的行为准则与生活态度，涉及价值内容、价值规范与价值理想三大核心方面。①

正确的价值观，则是指那些积极向上、正面健康的价值内容、价值规范与价值理想，它们符合客观事实、自然规律、道德伦理或社会共识，能够引导个体做出有利于自身成长、社会和谐与可持续发展的选择。

2.必备品格

品格，作为一个内涵丰富且跨学科的概念，其定义在哲学、心理学、教育学等领域各有侧重，但共同指向了个体在道德、情感与行为层面的内在稳定性和一致性。从哲学的角度来看，品格被理解为一系列被广泛认可的美德的集合与和谐统一，如勇敢、智慧、公正、节制等，它们构成了理想人格的基石，反映了人类对美好生活的向往与追求。心理学家倾向于将品格视为个体在面对现实时所展现出来的态度与行为方式中，较为固定且核心的心理特征，它不仅影响着个人的情感体验，还决定了个体在不同情境下的反应模式，是人格结构的重要组成部分。在教育学领域，品格更多地与道德行为和社会规范相联系，它强调个体在日常生活与社会交往中，是否能够遵循道德准则，采取积极正面的行动，或是避免有害他人的言行，体现了教育在塑造良好公民方面的作用与价值。

综合上述观点，本书主张将品格定义为个体在与外部世界互动过程中，所展现出来的一系列正向、积极且相对稳定的特征或行为表现。

3.关键能力

能力，作为个体完成特定目标或任务的综合体现，涵盖了知识、技能、经验、智慧等多个层面，是衡量个人工作效能与发展潜力的重要指标。关键能力，亦称核心能力，是一种普遍适用、易于迁移且对个人长远发展具有决定性影响的素质，它超越了特定岗位的局限，即使在岗位变动或行业变迁中，依然保持着其价值与生命力。不同行业与职业对关键能力的具体要求可

---

① 舒佳.核心素养视域下的学校体育教学研究[M].天津：天津社会科学院出版社，2021：80.

能有所差异,对于同一职业群体而言,关键能力往往呈现出一定的共性,反映了从事该行业所必需的基本素质与技能要求。

二、体育核心素养的概念与内涵

(一)体育核心素养与体育学科核心素养的概念

1.体育核心素养

体育核心素养,作为面向全体公民的教育理念,强调的是个体通过多样化的体育学习与实践,不仅掌握运动技能与体育知识,更重要的是将体育锻炼内化为日常生活的一部分,以此促进身心健康,提升生活质量,最终达成个人终身幸福的目标。体育核心素养体系的构建,旨在全面培养公民在身体、技能与情感三个层面的综合素养,具体包含以下三大核心指标:体质和健康、体育技能、体育社会情感。[①]

2.体育学科核心素养

体育作为学校教育不可或缺的组成部分,不仅肩负着强身健体的重任,更是培养学生全面发展的关键途径。体育学科核心素养的提出,正是将核心素养理念与体育教育深度融合的成果,它旨在将抽象的核心素养概念转化为体育学科教学中的具体实践,充分发挥体育学科独特的育人功能,促进学生身心和谐发展。体育学科核心素养,针对的是广大学生群体,强调的是通过系统的体育学科学习,学生能够掌握并形成终身受益的体育锻炼习惯与全面发展的必备素质。

---

① 万海波,李恒,王茹.高校体育与学生发展核心素养研究[M].北京:人民日报出版社,2021:77.

（二）体育核心素养的内涵

本书所指的体育核心素养偏向于体育学科核心素养，主要包括运动能力、健康行为和体育品德三个方面的内容，具体见表4-1。

表4-1　体育核心素养结构体系[①]

素养维度	素养解释	素养内容	素养表现
运动能力	运动能力是体能、技战术能力和认知能力等在身体活动中的综合表现，是人体活动的基础	提高认知	（1）能够运用所学知识分析和解决运动中遇到的问题 （2）了解运动项目的裁判知识与规则，学会欣赏体育比赛
		运用技能	（1）能够展示所学运动技能 （2）能在比赛中运用运动技能
		发展体能	（1）能够制订和实施体能锻炼计划，并作出合理评价 （2）体重适宜、体格强健、体态优美、体力充沛
健康行为	健康行为是个人生存和发展的前提和基础，具体素养内容包括锻炼习惯、情绪调控和适应能力三方面	锻炼习惯	（1）能够积极参与体育学习和课外体育活动 （2）掌握科学锻炼方法，能够对自我和他人进行健康管理
		情绪调控	（1）能在运动、学习、生活中保持稳定的情绪 （2）面对困难和挫折时能有效调控自己的情绪
		适应能力	（1）能够适应自然环境的变化 （2）人际关系融洽，善于交往与合作

[①] 董翠香，田来，杨清风. 核心素养导向的体育与健康教学设计[M]. 上海：上海教育出版社，2020：102.

续表

素养维度	素养解释	素养内容	素养表现
体育品德	体育品德是指在体育运动中应当遵循的行为规范以及形成的价值追求和精神风貌，对维护社会规范、树立良好的社会风尚具有积极作用	体育精神	（1）自尊自信 （2）勇敢顽强 （3）积极进取 （4）追求卓越
		体育道德	（1）遵守规则 （2）友好团结 （3）诚信自律 （4）公平正义
		体育品格	（1）文明礼貌 （2）相互尊重 （3）团队合作 （4）社会责任感

第二节　核心素养理念引领下高校网球教学改革的思路

将核心素养贯穿于课堂教学实践，意味着教育活动须紧密围绕立德树人的根本宗旨，致力于培育综合素质全面发展的学生群体。然而，当前高校网球课程面临诸多挑战，如教学内容及评价体系偏重技术训练，忽视了学生个性化学习的需求；教学策略和方法未能充分发挥学生的主动参与性；课堂组织效率尚有提升空间。这些问题成为阻碍学生核心素养进步的障碍。鉴于此，革新高校网球教学势在必行，需在核心素养的指引下推进。改革的关键在于挖掘网球运动的人文内涵，激发学生对网球运动的内在兴趣，并将创造力培养置于教育重心。体现在具体教学中，要从以下几方面着手改革。

一、以生为本，尊重学生的主体性

在高校网球教育实践中，确保学生作为学习活动的中心角色，坚持"以学生为本"的教育理念，是实现立德树人根本目标的必由之路。因此，高校网球课程设计必须紧密贴合学生的心理与生理发展特征，以及他们的个性化需求。大学生群体思维敏捷，自主探索知识的能力日益增强，他们对新颖事物常表现出强烈的好奇心，但这种兴趣也可能迅速消退，体现出该群体独有的学习特性。与传统教育模式相比，当代大学生更倾向于灵活多变、自主导向的学习方式，渴望在学习中拥有更高的主动权和创造性空间。

网球作为一项技术含量较高的运动项目，在技能学习的泛化阶段，学生需通过频繁练习和亲身感悟，逐步内化并掌握各种基础技术。然而，考虑到大学生的身心特性和成长需求，如果单纯依赖传统方法进行机械重复的练习，不仅使学生处于一种被动接收信息的状态，还极易引发单调乏味之感，从而削弱他们的学习动力和热情。因此，在高校网球教学过程中，教师必须以生为本开展教学活动，充分尊重学生的主体性，具体要做到以下两点。

一方面，为了充分调动和发挥学生的主动性和创新潜能，教学中应巧妙融合创新教学法与手段。在技能传授环节，采取探究式学习方法，鼓励学生借助观察、反思、实践和体验等多元途径，自主探索技巧背后的知识逻辑，这样不仅能培养其创造性思维，还能增强他们识别并解决实际问题的能力。同时，通过在技能体验过程中融入特定情境和小型竞赛，可以极大提升体育活动的趣味性和竞技性，激发学生的参与热情，促使他们在享受乐趣的同时，自发地运用策略应对挑战，达成既定目标，进一步深化技能掌握。在技能巩固阶段，则可利用小组合作学习的模式，学生在小组内互相指导、纠正错误，这样的互动不仅增强了个体责任感，还培养了团队协作精神和集体荣誉感。

另一方面，正视并尊重每一位学生的独特性，关注他们的个性化发展需求。在教学过程中，教师需细致洞察每位学生的实际情况，包括他们的兴趣偏好、学习节奏、优势与待提升之处，从而量身定制教学方案，实现真正意义上的因材施教。

二、充分利用网球育人资源进行全面教育

大学体育课程中的网球教学理应成为素质教育实践的典范，它不仅要超越传统体育技能训练的局限，更要成为培养学生核心素养的重要平台。通过将德、智、体、美、劳全面发展的教育理念深度融合于网球课堂，旨在塑造学生强健的体魄，并促进其道德品质、智力、审美素养及劳动观念的综合提升。充分利用网球育人资源进行全面教育要做到以下几点。

第一，在网球教学中深挖课程思政资源，与学校德育工作紧密协同，是一种创新且高效的教育途径。具体而言，要依托网球规则，培养公平与法治观念：通过讲解和实践网球比赛规则，引导学生理解公平竞争的重要性，增强规则意识，让学生认识到遵守规则是社会秩序与公正的基石，从而在日常生活中也能自觉遵循法律法规，形成良好的法治观念。要借力比赛与练习，激发正面精神风貌：在激烈的对抗与团队合作中，鼓励学生勇于挑战自我，培养不畏艰难、坚持不懈的拼搏精神。同时，通过团队比赛，强化合作意识，让学生学会在竞争中寻找共赢，促进社会和谐与团队协作能力的提升；要融合"绅士运动"文化，培养高尚品德：利用网球运动所蕴含的"绅士风度"，在教学中融入网球礼仪教育，如赛前握手、尊重对手、正确对待胜负等，以此来培养学生尊重他人、谦逊有礼的良好品行，提升个人修养和社会责任感。要通过观赛活动，激发爱国情怀：组织学生观看国内外重要网球赛事，特别是关注中国网球运动员的表现，引导学生感受运动员为国争光的荣耀与艰辛，激发学生的民族自豪感和国家认同感，培育深厚的家国情怀。

第二，融合网球文化与智育，通过跨学科教学策略，如将网球技巧与数学、物理的运动原理结合，对网球历史文化进行深度剖析，不仅能够拓宽学生的知识视野，还促进体教融合。这种育人模式打破了传统学科壁垒，激发学生综合运用多领域知识的能力，同步提升其体育技能与文化素养，体现了体智共进的教育理念。

第三，借网球运动的趣味性，实现快乐教学，激发学生的运动热情，引导他们主动运用所学知识技能维护身心健康，形成终身体育的意识与习惯。这种寓教于乐的方式，让体育教育在愉悦中深入人心，实现育人目标。

第四，融入网球的人文美学，课堂上探讨网球运动的优雅与力量之美，提升学生的审美能力，深化他们对网球文化的认知，进而激发更高的参与热情与主动学习态度，实现美育与体育的完美融合。

第五，在网球教学中嵌入劳动教育，通过学生亲自参与课前器材准备、课后场地整理及日常保养，教师加以正面引导，不仅树立学生尊重劳动的价值观，还让学生在实践中增进对网球设施维护的理解，实现知识学习与劳动习惯的双重培养。

通过上述路径，能够形成高校网球课程"五育并举"（德育、智育、体育、美育、劳动教育）的新局面。

三、改善网球教学环境，提高教学效率

高校网球教学环境的构成要素多且复杂，对高校网球教学效率产生了直接影响。为提升高校网球教学效率，必须加强对网球教学环境的优化与改善，这既包括对显性教学环境的改善，也包括对隐性教学环境的优化。

（一）改善显性教学环境

改善显性教学环境需注意以下几点。

第一，加大对场地现代化改造的投资力度，考虑将露天网球场升级为具备遮蔽功能的风雨球场，确保教学不受天气干扰，顺利进行。

第二，优化资源配置是关键。依据学生技能发展阶段，配置适宜气压的训练球，提升训练针对性与效率。条件允许时，引入自动拾球系统与发球机，使学生能更集中精力于技能练习。同时，增设专职助教团队，或招募体育专业中网球方向的学生担任兼职助教，既能有效缓解教师指导压力，覆盖更广的教学区域，又能为助教学生提供实践机会，巩固所学知识。

第三，构建在线学习平台，作为线下教学的有效补充，解决学生课时不足的难题。平台以其灵活便捷、资源多样、内容生动等优势，不仅便于学生深入了解网球文化，还能显著增强人文素养教育的实效性，促进学生全面发展。

（二）改善隐性教学环境

改善隐性教学环境需注意以下几点。

第一，营造班级正向风气。可从传授网球礼仪入手，润物无声地培养学生的正直态度与高尚价值观。在此基础上，共同制定班级规范，旨在提升课堂运作效率并确保训练安全，既规避了混乱可能引起的危险，又创造了高效有序的学习环境。

第二，打造积极向上的课堂氛围。教学活动中，坚持"以学生为中心"的原则，构筑师生间基于相互尊重与紧密合作的桥梁，激励每位学生积极参与，主动探索，充分激活他们的内在动力与创造力，共同营造一个充满活力与和谐的教育空间。

四、学以致用，建立健全课外网球活动机制

面对高校网球课程课时有限及课程连贯性不足的现状，加之网球运动高度依赖实战练习的特点，学生仅凭课堂教学难以充分掌握所需技能。因此，开展丰富的课外网球活动显得尤为重要，将其作为对常规课程的有效补充。

一方面，构建包括网球俱乐部、兴趣小组及网球协会在内的多元化课外体育社群，明确课外活动的评价准则，并安排专业教练定期开展培训，以此作为课堂学习的自然延伸，吸引更多学子投身网球运动，不仅能够锻炼学生的体育技能，还能在团队活动中培养协作精神和集体荣誉感。

另一方面，利用网球俱乐部等资源，策划举办各类校内外网球赛事，为学生创造实战演练的宝贵机会。此类活动不仅能满足学生对于竞技挑战的渴望，增强学习动力，而且可通过赛事促进人际交流，提升社交能力，完全符合素质教育的宗旨。尤为重要的是，对于技术出众的学生，这将是展示自我、脱颖而出的舞台，有助于发掘和培养体育新星，为高校体育人才的选拔与成长开辟新的路径。

五、构建科学的学生学习评价体系

在网球课程教学实践中,学生学习评价至关重要,它不仅是衡量学习成效的标尺,更承载着诊断学习问题、激发学习动力、反馈学习成果及深化教育内涵等多重使命。一个设计合理的评价体系,能够引导学生客观认识自我学习状况,通过反思过往学习经历,提炼有效策略,适时调整学习方法,从而在自我驱动下实现更高效的成长和发展。因此,构建科学而多元的学生评价机制尤为关键。核心素养引领下的高校网球教学评价中,对学生的评价要做到以下几点。

(一)评价内容要全面

在评估网球学习成效时,确需超越纯粹的技术技能和体质测试,深入考量那些不易直接量化的隐形指标,诸如学生对网球的兴趣激发与维持、体育精神与正面价值观的内化、良好运动习惯的形成,以及道德行为的展现等。评价不应局限于身体能力和技术表现,而应全面覆盖至学生的情感体验、社会交往能力等维度,因为这些方面同样深刻影响着学生的体育参与度、长期兴趣维持及综合素养的全面发展。评价体系的设计应紧密贴合教育目标的全貌,除了认知能力和运动技能的进步,还需重视学生的体育态度转变、团队合作能力的提升、自我挑战精神的培养等非物质层面的成长。这些非体能、非智力因素,作为推动学生积极参与体育活动、形成终身体育意识的重要动力源泉,其重要性不容小觑。

(二)注意过程性评价

在培养学生的网球兴趣、道德品质、健康身心素质及终身体育习惯的过程中,重视对学生学习进程中的行为、态度及努力程度的评价是至关重要的。实行过程性评价,能够及时捕捉学生的学习动态,并迅速将评价反馈送达学生本人,这一做法能够让学生自我省察,及时识别学习中的短板与误区，从而采取措施予以调整和改进。另外，过程性评价作为一种正向激励手段，通过肯定学生的进步和成就，增强其成就感与自信心，进一步激发学生的学习动力和参与热情，有效提升学习的效率与质量。通过这种动态评价与反馈机制，不仅能够促进学生在网球技能上的精进，还能在深层次上培养其自我驱动学习的能力。

（三）注意个体差异

网球课程因其广泛的吸引力，吸引了来自全校各专业、各水平层次的学生参与。鉴于学生们在心智成熟度、体能基础及运动经验上的显著差异，采用统一的教学进度和评价标准显然有失公允，尤其可能导致基础薄弱的学生感到挫败，进而影响其自信心与学习动力。大学时期，学生正处于自我意识快速发展但尚未完全成熟的特殊阶段，易受外界评价影响而形成片面的自我认知。因此，评价体系应当更加注重个体差异性，倡导以学生个人进步幅度作为主要评价指标，这样的做法不仅能更准确地反映出每位学生的真实学习成效，还能激励每一位学生关注自身成长而非盲目攀比，有助于培养学生的主体意识和自我效能感。

第三节 核心素养理念下高校网球教学的优化设计

在高校网球教学中培养大学生的核心素养，关键在于教学设计，好的教学设计可以提高网球教学效率，从而达到培养大学生网球运动技能和核心素养的良好教学效果。网球教学设计是一个系统化的过程，这个过程包括教学目标设计、教学内容设计、教学方法设计、教学模式设计以及教学评价设计等环节，各环节共同作用、相互交织，为落实培养大学生核心素养的任务而服务。下面重点对核心素养理念，尤其是体育核心素养理念引导下高校网球教学要素的优化设计进行分析。

一、核心素养理念下高校网球教学目标的优化设计

网球教学目标是网球教学体系的重要组成部分，是网球教学的起点，是网球教学过程实施的前提。它明确了网球教学的方向，是网球教师和学生在教和学的过程中都要坚持的基本导向。在科学合理、可操作教学目标的指向下，教师与学生相互沟通、协作，协同完成网球教学任务，提升课堂教学效率和质量。因此，在高校网球教学设计中，要以教学目标的设计为起点，从而为教学内容、教学方法、教学模式及教学评价的设计奠定基础和提供参考。

（一）高校网球教学目标设计的原则

1.整体性原则

一般来说，在教学设计中，要从人才培养目标、教学对象的特点、教学内容与实际教学条件等诸多因素出发来设计教学目标。在核心素养理念的导向下设计高校网球教学目标，要对网球教学培养大学生核心素养的作用与价值予以整体把握，从基本认知、运动技能、体育品德、健康促进等多方面整体设计教学目标，这对全面达成网球课程培养大学生核心素养的目标具有重要意义。

2.层次性原则

在设计网球教学目标时，要求模块教学目标、单元教学目标和课时教学目标之间层层衔接，合理分解上层教学目标，细化下层教学目标，做到上下层教学目标的整体协调。设计模块教学目标和单元教学目标要以学段教学目标和水平教学目标为依据，合理分解学段与水平目标，主要目标和次要目标要分清，在目标描述中详略得当。微观层级的教学目标，如课时教学目标必须具有直观指向性，并且前后两个相邻课时的教学目标要紧密联系、衔接

得当。

3.可量化原则

在高校网球教学目标设计中，课时目标必须明确、具体，要用简洁的文字恰当地表述教学目标，并确保教学目标可操作、可实现。通常一个课时的教学目标有3个左右。在上课时要让学生清楚本节课的教学目标，然后有针对性地学习。教学目标可量化也能为教学评价提供便利，可以通过定量评价获得客观的教学反馈。

（二）高校网球教学目标设计的维度

在高校网球教学目标设计中，要密切结合网球教学特点、核心素养的内涵来设计具体目标。网球教学目标不是单一的，包含不同的维度，也就是在不同领域都有明确的教学目标。

有学者将体育教学目标划分为四个维度，分别是体育认知、运动技能、体能和体育情感，各维度教学目标的侧重点不同。

（1）体育认知领域的教学目标，是指学生掌握与运用体育和健康相关知识的目标，包括两大部分：一是运动认知的目标，二是健康认知的目标。

（2）运动技能领域的教学目标是指学生掌握和运用基本动作、不同体育项目技术动作的目标，旨在培养与提升学生的基本运动能力。这一领域的目标要通过两大部分反映出来：一是技战术运用，二是体育展示和参赛表现。

（3）体能领域的教学目标主要是指学生身体素质发展的目标，该目标旨在培养与提高学生的健康体适能、运动体适能，并使学生掌握与运用体能原理和方法。

（4）体育情感领域的教学目标主要包括德育情感和价值情感两个方面目标。

上述四个维度的体育教学目标与体育核心素养的内容基本对应，如图4-1所示。在核心素养尤其是体育核心素养导向下设计网球教学目标，同样可以参考这四个维度，并结合对应的核心素养内容进行具体的目标描述。

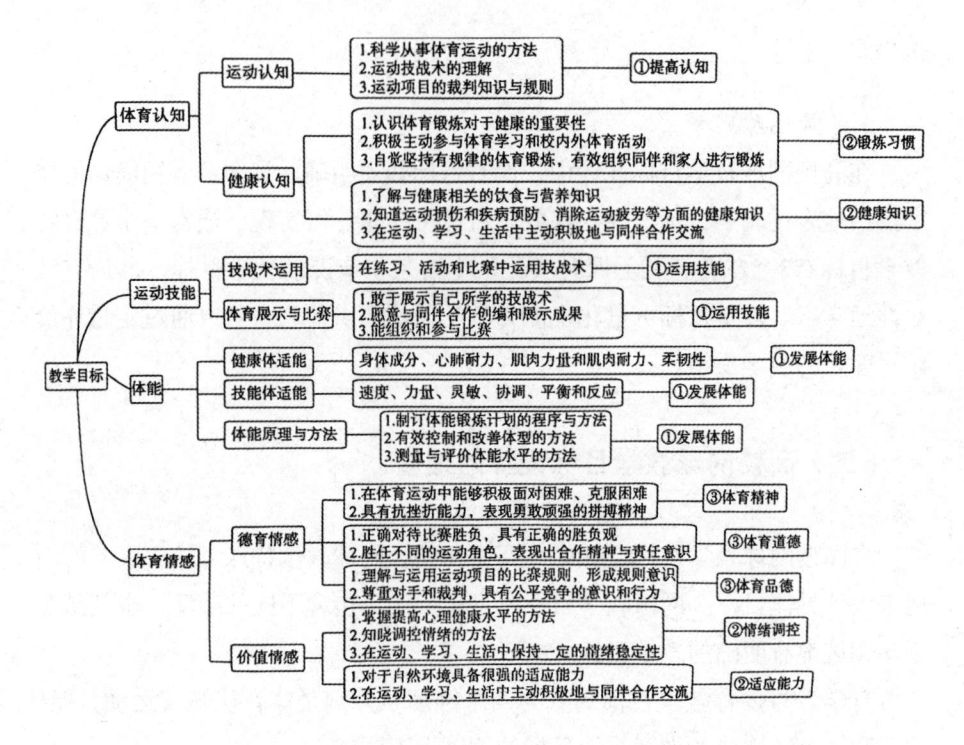

图4-1　体育教学目标与体育学科核心素养对应图[①]

注：右侧方框中的内容对应体育核心素养的内容；①代表运动能力；②代表健康行为；③代表体育品德。

（三）高校网球教学要达成的目标

高校网球教学要以教师为主导、以学生为主体，本着这一原则设计教学目标，要明确通过教学使学生学到什么，掌握什么，发展哪些素质，达到什么么程度。从这一思路出发，基于核心素养的高校网球教学要达到的目标及对应的核心素养培养目标见表4-2。

[①] 董翠香，田来，杨清风. 核心素养导向的体育与健康教学设计[M]. 上海：上海教育出版社，2020：121.

第四章 核心素养理念下高校网球教学改革与优化设计

表4-2 核心素养导向下高校网球教学的目标[①]

体育与健康学科教学目标	核心素养达成目标
在教学开始阶段,通过对网球理论知识的教授与模仿练习,使学生拥有健康的体魄,掌握基本的跑、跳、投等运动能力	在运动能力素养方面使学生发展体能并能够引发思考,并能够对运动效果做出合理的评价
使学生学习握拍、移动步伐、发球、接发球等基本技术,了解网球比赛规则	在运动能力方面提升运动技能,增强体能,掌握网球比赛规则,善于思考,合理进行训练
在教学过程中适时地组织网球技能竞赛,激发学生的练习热情与积极性,调动学习氛围。引导学生处理肌肉紧张等运动后的身体恢复问题	在健康行为方面以学生为主体,引导学生及时了解自身的身体情况,加强对情绪的控制与调节,养成积极的锻炼意识与习惯
在教学过程中进行网球比赛,增强学生的规则意识,让学生积极进取,敢于提出问题,并培养学生的公平竞争意识	在运动能力方面引导学生了解近年来国内外的网球运动竞赛,并从专业的角度说出其中意义,提升学生的鉴赏能力 在体育品德方面引导学生正确看待比赛中的失败与胜利,做到不骄不躁,同时培养学生勇于拼搏、积极进取的精神。在比赛中学会与他人沟通,尊重他人,公平竞争
在网球教学中培养学生自主探究、合作学习的意识,促进学生之间的沟通协作,引导学生提出问题、解决问题,在探究中成长	在运动能力方面提高发现问题、解决问题的能力,合理安排训练负荷,增强身体素质 在体育品德方面培养学生迎难而上,不畏困苦,团结协作,突破自我的精神与毅力
在提高身体素质与网球技能水平的同时,注重教师评价和学生自评与互评相结合	在课堂中以及日常的学习中将核心素养的内容融会贯通,形成整体,促使学生全面发展

[①] 刘梓贺. 基于学科核心素养的高中网球模块教学设计与实践研究[D]. 伊宁:伊犁师范大学,2022:36.

二、核心素养理念下高校网球教学内容的优化设计

（一）高校网球教学内容设计的原则

1.科学性原则

高校网球教学以学生参与网球活动为基本特征，网球活动内容的设计要满足不同学生的需求。这就要求在网球教学内容设计中贯彻科学性原则，从大学生的身心特点、认知规律、网球水平以及体育核心素养培养的要求等方面出发确定教学内容，难度不同的教学内容要合理搭配，不同教学内容的实施顺序也要合理安排，基本原则是由易到难循序渐进地进行设计与安排，所选教学内容要有利于培养大学生的体育核心素养和网球核心素养。

2.趣味性原则

大学生对网球教学内容的接受程度与教学内容本身的趣味性直接相关。有趣的教学内容更容易被接受，能够调动大学生的学习兴趣，并使大学生在学习过程中获得良好的情感体验，最终学习效果也比较理想。因此，在核心素养视角下设计网球教学内容，要贯彻趣味性原则，挖掘有趣的网球教学内容资源，并联系大学生的生活经验开发教学内容资源，以充分调动大学生在网球课堂上的学习积极性，促进其健康行为的形成与保持。

3.德育性原则

基于核心素养的高校网球教学设计，要注重培养大学生的体育道德、体育品格和体育精神，因此，网球教学内容设计要符合立德树人的教育要求，要挖掘网球教学内容中的思政元素，将课程思政理念融入网球教学内容的实施中，从而有效培养大学生的体育品德，塑造良好的体育精神，促进大学生体育核心素养的内在提升。

（二）高校网球教学内容的安排

网球教学内容是实现网球教学目标的重要载体，因此要以网球教学目标

为依据设计网球教学内容，并且在教学内容的具体安排中，对学校教学条件和学生全面发展需要进行综合考虑。对网球教学内容的具体选择与安排要遵循目标统一性原则，同时要严格贯彻科学性、趣味性和德育性原则，但不能一概而论、死板教条，而要合理选择和灵活实施，改变以往教学内容枯燥单一的局面，简化一些难度较大的、让学生望而生畏的教学内容，并在教学内容的实施中对负荷强度进行合理控制，尽可能将教学内容融入学生日常学习中，调动学生的兴趣和积极性，营造良好的网球学习氛围，培养学生的良好运动习惯，使学生树立终身学习的意识。

高校网球教学内容既包括理论内容，也包括实践内容，只有将理论内容与实践内容加以整合，合理安排比例，使二者相互作用、相辅相成，才能实现培养学生核心素养的教学目标，丰富学生的运动与健康知识，使学生形成良好的运动行为习惯，并培养学生的体育品德，提升学生的运动能力。

基于上述分析，在核心素养导向下进行高校网球教学设计时，应主要安排如下教学内容：理论部分主要安排网球运动的起源与发展、网球运动装备与场地设施、网球竞赛知识与裁判法等内容；实践部分主要安排握拍、正反手击球技术、发球技术、网前截击技术、高压球技术、下旋球技术、放小球技术、挑高球技术等内容。

除了上述理论与实践内容的合理安排外，每节课的准备部分还要安排身体素质练习，包括一般身体素质练习和网球专项身体素质练习，以增强学生的体能，提升学生的运动能力，并使学生快速进入学习状态。所以，身体素质训练也应该纳入网球教学内容体系中，并在每节课的准备部分合理安排，也可以在网球技术教学中穿插身体素质训练的内容。

三、核心素养理念下高校网球教学方法的优化设计

传统网球教学方法以基本的讲解法、示范法和练习法为主，师生之间交流和探讨的互动时间较少，而且教师习惯安排大量重复练习，这虽然有一定的实用性，能够保证学生技术的熟练性，但整个过程相对来说比较枯燥，缺乏创新，学生易产生厌烦情绪，而且学生一直重复做简单的练习，缺乏主观

能动性练习，没有自主思考的空间，会影响技术动作记忆的深刻性和牢固性，也会影响学生对网球运动的学习热情和参与积极性。在核心素养视角下进行网球教学方法设计，必须解决以上这些问题，加强教学方法的创新设计与灵活应用。下面主要从两个方面探讨核心素养导向下高校网球教学方法的设计与应用。

（一）不同教学阶段的教学方法选用

为了在高校网球教学中更好地培养大学生的核心素养，需要根据不同教学阶段的教学目标、教学任务、教学内容等因素来合理选用相应的教学方法，策略如下。

（1）在前期进行网球理论知识的讲解时，采用以语言传递信息以及直接感知为主的教学方法。

（2）在中期进行握拍、正反手击球技术、发球技术等基本技术动作的教学时，采用以探究活动为主的教学方法。

（3）在后期进行网前截击技术、高压球技术、下旋球技术、放小球技术、挑高球技术等较为复杂的技术动作教学时，采用以身体练习及探究活动为主的教学方法，结合相应的课堂活动加强学生之间的交流与学习，为全面发展学生的核心素养找寻有效的课堂教学策略。

（二）对比教学方法

对比教学方法指的是将全体学生分为实验组和对照组两部分，实验组采用核心素养导向下的教学方法，对照组采用传统的灌输式教学方法，最后对比两个组的教学效果，从而发现传统灌输式教学方法的弊端，增强对改革教学方法的重视，并在教学过程中灵活调整教学策略，围绕核心素养的培养目标和具体内容设计新颖、可行的探究式教学法、合作教学法、竞赛教学法、游戏教学法。

四、核心素养理念下高校网球教学模式的优化设计

（一）高校网球教学模式设计的思路

1.以培养核心素养为引领，明确教学目标，优化教学模式的运用过程

网球教学活动的开展，确实应当紧密围绕教学目标，确保每项活动都能直接或间接地服务于这一核心目的。在高校网球教学中，将培养大学生的核心素养确立为教学目标，意味着教学活动的设计与执行需全面覆盖运动技能、健康行为和体育道德这三个关键领域，以此推动学生的全面发展和综合素质提升。鉴于现行网球教学模式可能存在的局限性，如过于注重竞技成绩而忽视体育道德培养、缺乏个性化教学导致部分学生参与度不高等问题，有必要从核心素养的视角出发，对教学模式进行优化。

2.突出教学过程的理解性、体验性与反思性，进一步强调教学模式运用的学生主体性

在网球教学中进行核心素养的培育，根基在于运动技术和技能的学习与掌握。因此，教师不仅应重视技术传授，更要关注学生在学习过程中的体验感、参与感及情感需求，致力于创造一个既富有挑战性又充满乐趣的学习环境。这样的教学理念旨在让学生在技能提升的过程中，同步经历心理成长，激发其内在的学习动力，使其在学习过程中处于主体地位，主动探索、实践并享受运动带来的快乐。为了实现这一目标，教师的角色也需要从传统的"知识传递者"向"学习引导者"转变。这意味着教师不仅要教授运动技能，更要成为学生学习旅程的伙伴，鼓励学生进行自我探索，引导他们通过观察、实践和反思来理解网球运动的深层规律和价值。

3.运用差异化教学方法体现体育教学模式运用的学生个体差异

在核心素养引领下，教学方法应体现灵活性与个性化，教师需紧密结合学生实际，实施差异化的教学策略。聚焦于学生在运动能力、健康行为及体育品德上的个别差异，教师应策划具有针对性或功能性的个体学习方案。在教学中，强化对动作完整性的关注，采取完整练习法，确保学生能熟练掌握

整套运动技能,而非零散片段。同时,引入领会教学法,深化学生对运动策略和规则的理解,培养其技战术的实践运用能力,从而有效提升运动水平。此外,探究法的应用能激发学生主动反思和探索,增进其健康知识的积累。为了培养学生的自我解决问题能力,教师应灵活运用预防与纠正错误法,当学生出现动作偏差时,与其共同分析原因,探讨改正策略,促进其自主学习和成长。这种综合性的教学方法,旨在全方位提升学生的体育核心素养,实现其身心的和谐发展。

(二)高校网球教学模式的创新设计

1. 分解动作,重构模仿练习教学模式

培养大学生的体育核心素养,要求提高学生的运动实践能力,这是体育教学模式重构的基本要求。为了更好地培养学生的运动实践能力,应坚持发挥模仿练习模式的基本作用。在高校网球教学中,教师根据学生的运动水平分解网球复杂动作,通过一定的技巧,使复杂动作分解成数个简单技术动作,在动作分解后不断强化各技术动作的关键点,学生通过模仿学习来掌握复杂的动作,从根本上提高学生的运动实践能力和学习自信心。

2. 点燃兴奋点,重构竞赛教学模式

核心素养理念对学生的体育精神培养有一定的要求,这也是点燃学生课堂学习兴奋点的重要途径,有利于学生积极参与课堂教学活动。竞赛教学更加符合学生的身心需要,因为学生本身就具有较强的好胜心,利用他们好胜心强的特点开展网球竞赛活动,构建竞赛教学模式,更容易培养学生的体育精神。因此,针对学生的身心特点及网球教学内容,应科学设计网球竞赛活动,让学生通过比赛,赛出自己的网球运动水平和体育精神。

五、核心素养理念下高校网球教学评价的优化设计

（一）高校网球教学评价的原则

1.客观性原则

客观性原则是指评价方案要明确、具体，有一致的评价标准，有严密、合理、针对性的评价方法和评价步骤，要围绕核心素养导向的教学目标而展开评价，减少评价者的主观性判断，避免出现评价中的类群现象，而且评价者也应树立公正公平的态度，平等对待每一位评价对象，不能掺入个人主观感情。

2.整体性原则

整体性原则强调在网球教学评价中，应围绕核心素养目标，即运动能力、健康行为和体育品德（精神），构建全面的教学目标结构。评价应从多维度出发，确保每一项评价指标都紧密关联于核心素养的培养，形成一个整体性的评价体系，旨在全面衡量学生在核心素养方面的综合表现。

3.多样性原则

多样性原则要求网球教学评价的内容、主体与手段均需多元化。评价不应局限于单一维度，而是要涵盖核心素养的各个方面，如运动技能掌握、健康生活习惯养成及体育精神培养等。同时，鼓励学生参与互评，促进同伴间的学习与交流，增强评价的客观性和全面性。

4.发展性原则

发展性原则的核心在于将教学评价视为促进学生学习与发展的工具，而非仅仅是一种评估手段。它要求教学评价设计应具备反馈与矫正机制，及时识别并调整无效的教学活动，确保网球课堂教学的高效性与适应性。评价应着重于激发学生潜能，鼓励其持续进步，同时关注学生的学习过程，思考学生在学习中获得了什么、达到了何种程度以及如何进行有效学习。此外，评价标准的设定应充分考虑学生的个体差异，关注每一位学生的全面发展，确

保评价结果能够真实反映学生的学习成果与进步空间。

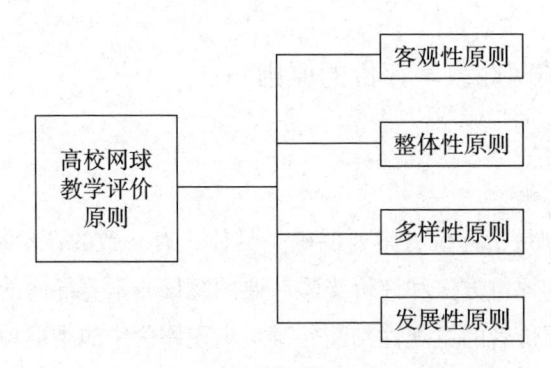

图4-2 核心素养理念下高校网球教学评价的原则

（二）高校网球教学评价的方法

核心素养导向下的高校网球教学评价涉及多个方面，评价的内容应紧紧围绕核心素养来设置，具体包括大学生体能的评价、专项技能的评价、学习态度的评价、学生规则意识和体育品德的评价以及健康行为表现的评价等。

核心素养导向下的高校网球教学评价要突出评价方法的多样性，将教师评价与学生评价结合起来。

1.教师评价

教师评价包含形成性评价和总结性评价。

（1）形成性评价

形成性评价贯穿于教学活动的始终，旨在深入了解学生的学习进展，为教师提供即时反馈，以便适时调整教学策略和内容，确保教学活动的针对性和有效性。它涵盖了学生的学习深度、成效等多个维度，教师可通过课堂观察、小测验、作业批改等多种形式，持续监控学生的学习状态，及时发现并解决学习过程中的问题，促进学生学习的连续性。

（2）总结性评价

总结性评价则是在学期末或课程结束时进行综合性评估，它不仅检验学生的学习成果，也是对教师教学质量的一次全面评定。这种评价通常结合了

第四章 核心素养理念下高校网球教学改革与优化设计

学生的出勤记录、技能掌握情况、理论知识掌握程度等多个方面，通过期末考试、项目展示、报告撰写等形式，全面评估学生的学习成效。总结性评价为学生提供了一个展现自我、总结经验的机会，同时也为教师提供了教学反思和改进的依据。

形成性评价与总结性评价相辅相成，共同构成了网球教学评价的基石。在实际操作中，教师应避免一刀切的评价标准，充分考虑学生个体差异，注重评价的个性化与人性化。在评价过程中，既要关注学生运动技能的提升，也要重视其健康行为的培养和体育品德的塑造，确保每位学生在核心素养的各个维度上都能得到均衡发展。通过综合运用两种评价方式，可以更全面、更准确地反映学生的学习状况，促进其综合素质的提升，为学生终身体育锻炼和健康生活方式的形成打下坚实的基础。

2.学生评价

学生评价包含有学生自评与学生互评。

（1）自评

学生自评是现代教育体系中一种重要的评价方式，尤其在体育教育领域，它具有独特的价值和作用。通过自评，学生不仅能够对自己的学习成果有更清晰的认识，还能深入反思自己在运动技能、学习态度、健康习惯以及体育精神等方面的成长和变化。

（2）互评

学生互评是促进学习与个人能力提升的有效途径，它不仅能够发挥榜样示范效应，还能够锻炼学生的观察能力、客观评价能力和团队协作精神。通过互评，学生有机会从同伴的角度审视学习成果，这不仅能帮助他们识别自身的优点和待改进之处，还能培养批判性思维和沟通技巧。

在互评环节，学生被鼓励积极表达观点，分享见解，这不仅增强了课堂的互动性，也促进了知识的共享与深化理解。学生在观察和评价同伴表现的过程中，学会了如何从多个角度思考问题，如何给出建设性的反馈，这对于培养其日后在团队工作中的协作能力和领导力至关重要。

教师在此过程中扮演着至关重要的角色——倾听者和支持者。教师应该营造一个开放且包容的讨论氛围，鼓励学生自由发表意见，同时确保讨论的焦点始终围绕教学目标和任务。教师的适时引导和总结可以帮助学生提炼关键信息，巩固学习成果，确保互评活动对教学目标的达成起到正向推动作用，而不是偏离主题或产生负面效果。

第四节 大学生网球核心素养的培育

网球核心素养是衡量大学生网球学习成效的重要指标，它涵盖了学生在知识、技能、心理及态度等方面的综合表现。具体包括——操作性技能成就：这是学生通过网球学习直接获得的实际运动技能，如对发球、接球、步伐移动、战术运用等技术的掌握程度，体现了学生在实践操作层面的能力水平。理论知识素养：涉及学生对网球运动规则的深入理解，掌握科学的网球锻炼方法，以及对运动损伤的预防与康复知识的了解，这些理论知识是学生进行有效训练和自我保护的基础。运动心理技能：涵盖团队合作精神的培养，通过集体训练和比赛活动，增强学生间的沟通与协作能力；顽强意志品质的锤炼，体现在面对困难和挑战时不轻言放弃，持续努力的精神面貌；以及审美情趣的提升，培养学生在网球运动中对运动艺术性的感知和欣赏能力，促进身心和谐发展。要全面培养大学生的这些网球核心素养，必须做好以下工作。

一、精选网球教学内容与策略，培育大学生网球核心素养

（一）精选教学内容

课程改革的焦点在于重塑教学内容体系，这要求我们立足于网球学科知

第四章 核心素养理念下高校网球教学改革与优化设计

识的完整性及运动项目的独特性，围绕解决实际比赛情境中的问题来架构教学框架。这意味着要将理论知识巧妙融入实践教学场景，这既考验教师的教学智慧，也依赖其教学艺术，特别是在培养学生的团队合作精神、规则遵守意识等方面，需要教师在具体的学习情境中给予精心指导和示范。在实践操作层面，体育教师需对每一堂课进行周密设计，依据学生的不同背景和能力，灵活选取教学内容与方法。这包括设定清晰、具体的学习目标，如通过小组观察学习，促进学生之间的相互学习与模仿；组织个人对抗赛及团队竞赛，以此作为检验学生运动技能掌握程度的直观方式。

（二）精选教学策略

提升学生在网球领域的核心素养，关键在于将丰富的理论知识与技能训练有效融入体育课堂教学实践中，这要求体育教师运用一系列高效的教学策略，将抽象知识转化为可实践的策略。

不少学生初涉网球时，常常怀揣着对网球明星的仰慕之情，梦想着能立刻展现出如同职业选手般的华丽技巧，如强劲的上手发球、精准的底线抽击。然而，由于缺乏对基础技能的系统学习和足够练习，他们很快会发现现实与期望之间存在巨大差距。频繁的失误、长时间的捡球，不仅消耗了体力，更严重打击了学习积极性，造成了心理上的挫败感和落差。班杜拉的自我效能理论深刻地阐述了个体信念对其行为选择与表现的重要影响。该理论指出，个人对自己完成某项任务或达成某个目标能力的信心，即自我效能感，是决定其是否采取行动、努力程度以及面对挑战时坚持不懈的关键因素。当个体在某项活动中取得成功时，这种正面经验会增强他们对该领域的自我效能信念，使得他们更有可能在未来遇到类似情境时采取积极主动的态度，尝试并克服困难。相反，如果个体频繁遭遇失败，尤其是如果没有适当的支持和正面反馈，这种经历可能会削弱他们的自我效能感，导致他们对自己的能力产生怀疑。

基于自我效能理论，在网球教学的实践探索中，聚焦网球运动的游戏属性，将教学内容设计成一系列富有趣味性的游戏活动，旨在营造"易学、乐学、自学"的良性循环氛围。鉴于网球初学者常面临的入门门槛问题，采取以游戏化为核心的教育策略，对于激发学生兴趣、加速技能掌握尤为关键。采用"快易网球"（QuickStart Tennis或Play & Stay）教学模式，是对传统教学顺序的一种革新，旨在通过简化规则、调整装备和场地尺寸，降低学习难度，使初学者能更快获得成功的体验。例如，缩小的场地、使用低压缩的初级网球、降低球网高度等措施，都是为了缩短新手到"第一次成功击球"的距离，减少捡球时间，避免因反复失败而产生的挫败情绪，让学生在轻松愉快的环境中感受到网球的趣味。

在教学初期，重点放在让学生感受到球拍与球接触的喜悦，而非过分强调技术动作的标准化。通过简单的对打游戏，让学生在实践中逐渐找到击球的感觉，享受连续对打所带来的成就感与快乐。随着学生对球性的熟悉和控球能力的增强，再逐步引导他们进入更规范的动作学习和技术提升阶段。这种教学策略不仅能够有效缩短学习曲线，提升学生的学习积极性，还能在无形中培养学生的自学习惯和问题解决能力，让他们在享受游戏乐趣的同时，自然而然地吸收网球技能，逐步解锁网球运动的深层魅力，从而激发学生持续探索和深入学习的内在动力。

在技能提高阶段，综合目标理论中的"任务导向"与"掌握学习"教学策略，通过实施分阶段的学习成效评估，有效激发每位学生的课堂参与热情，进而促进学生积极主动地提升个人的技术能力。

二、构建和谐体育课堂氛围，培育大学生网球核心素养

布卢姆强调，教学环境作为一种特殊力量，对塑造学生的行为具有不可忽视的作用，丰富的课堂文化不仅深刻影响着学生的学习进程，还对他们的情感态度与行为表现产生深远影响。

体育教学是学生在教师指引下亲身实践的动态学习过程，言语沟通与身体互动成为连接师生、生生之间的桥梁。学生网球技能的提升、课程内容的精心设计、课堂纪律的维持，以及体育精神的弘扬、健康知识的普及和良好品德的培养，都依托于师生间积极、高效的言语交流与团队合作得以实现。教师能够巧妙地将技能习得融合进小组练习和竞赛之中，不仅促进了学生技

术战术运用能力的成长,还磨砺了他们坚韧不拔的意志、求真务实的态度,全方位地提升了学生的综合素养。

三、实施课内外一体化教学,培育大学生网球核心素养

提升学生在网球领域的技能,除了课堂学习,更需辅以大量的课外练习。因此,学生掌握正确的练习方法与技能提升本身同等关键。教师可充分利用微信群等平台,在课后与学生保持紧密沟通,深入探讨网球运动的核心本质、其独特学习特性和价值所在,以及网球基础技巧、战术策略和多样化的训练方法。通过分享准备活动指导、球感培养技巧、步伐训练、体能强化方案乃至裁判规则等内容,作为课堂教学的有效补充,深化学生的学习体验。

许多学生选择网球课程,往往是受到媒体宣传或对网球名将的仰慕所驱使,他们喜爱并试图模仿偶像们的优雅动作,以此为起点踏上体育学习之旅。若在观看比赛视频时,教师与学生进行实时互动讨论,各自分享见解与感受,并引导学生反思个人的学习状况与体验,这样的教学方式更能促使学生的运动认知从外在模仿向内在理解和升华转变,极大地提升教学成效。

第五章　课程思政理念下高校网球教学改革及其课程思政建设

高校网球课程通过综合教授理论知识、实践技能，以及强调意志力的锻炼和人格的培养，与思想政治教育的核心目标紧密相连，成为高等教育中不可或缺的思想政治教育资源。网球运动本身蕴含的文化底蕴、竞争精神、社会互动等特性，为思想政治教育的自然融入创造了得天独厚的条件。在当前注重品德培育与人才全面发展的教育环境下，深入剖析思想政治教育的深层意义与重要价值，挖掘并发挥网球课程中的思政教育资源潜力，旨在将思想政治教育理念嵌入网球教学的重要环节。这一过程促进网球课程与思想政治教育的有机结合，两者并肩同行，形成协同育人的强大合力，共同促进学生发展，培养适应时代需求、综合素质全面发展的人才。本章主要对课程思政理念下高校网球教学改革及其课程思政建设进行研究，内容主要包括课程思政的科学解读、网球课程中思政元素的挖掘、课程思政理念下高校网球教学改革与优化路径、高校网球教学中融入课程思政的思路以及高校网球课程思政建设。

第五章　课程思政理念下高校网球教学改革及其课程思政建设

第一节　课程思政的科学解读

一、课程思政的概念

课程思政是指以构建全员、全程、全课程育人格局的形式，将各类课程与思想政治理论课相结合，形成协同效应，把"立德树人"作为教育根本任务的一种综合教育理念。课程思政的价值在于将各类课程中所含有的思政元素充分挖掘出来，将其嵌入课程教学中，以潜移默化的方式融入教学过程的各个环节，从而使非思政课程的育人价值得以强化和实现，最终在传递知识的同时达到育人的功效和目的。

二、课程思政的丰富内涵

（一）本质：立德树人

从本质上而言，课程思政是一种教育，教育的目标是立德树人。育德是育人的基础和前提，我国教育发展史上一直强调育德的重要性，主张育人、育才要有机统一，这是我国优良的教育传统。育人先育德，育德就是要进行思想政治教育，培养德才兼备的人才，为国家输送道德品质好、专业素养高的全面型人才。在思想政治教育中，要以德"立身""立学"和"施教"，引导学生形成正确的世界观、人生观和价值观，树立科学的民族观、文化观、历史观，从而对民族传统文化进行传承，并不断创新。总之，通过思想政治教育，要培养德智体美劳全面发展的综合型人才，这才是社会发展所需的人才，是中华民族伟大复兴所需要的建设者和接班人。

（二）理念：协同育人

我国提出课程思政的育人观，主要就是倡导各学科专业课程的教学与思政教育并行，二者同向同行，共同培育全面发展的人才，这充分体现了课程思政的协同育人理念。协同育人是学校教育的重要使命，也是我国教育方针的具体体现。一所学校的教育水平如何，主要通过该学校培育人才、输送人才的数量和质量来衡量，而且所输送的人才应该能够成为国家的合格建设者和可靠接班人，能够为实现中国梦作出贡献。可见，学校教育是服务国家和民族的教育，高等教育尤其如此。高等教育直接为国家输送优秀人才，培养的人才对国家建设越有利，高校在教育界就越有话语权。

（三）结构：立体多元

课程思政是一种多元统一的教育理念，这里的多元包括传授知识、塑造价值和培养能力，将三者有机统一，便形成了结构上立体多元的课程思政。传统教育的结构以传授知识和培养能力为主，相对单一，课程思政的教育结构却是多元的，这是教育结构不断变化和日益完善的表现。传统课程教学中虽然也强调传授知识、培养能力以及塑造价值，但在课程实施过程中往往将三者割裂开来，不利于培养全面发展的人才。而课程思政则实现了三者的统一，使课程教学回归育人本质。

课程思政要求教师在教学过程中尽可能从学生日常生活出发寻找具有实质性的介入方式，只有介入学生日常生活，才能真正了解他们的需求，了解他们遇到的问题与困惑，在融入思政教育的课程教学中有针对性地帮助学生解决问题，使学生将所学知识、技能运用到生活中解决问题，并将在教学中塑造的价值运用于社会交往中，充分发挥学习收获的积极作用，这样，学生才能够真正领会知识的力量，领会思想政治教育的价值。

（四）思维：科学创新

当前，我国正处于社会转型的关键时期，处于文化大繁荣、多元文化交织的时代。在这一时代背景下,创新思维和科学思维缺一不可。在新时代,培养大学生的思想政治素质非常重要,通过培养,要使大学生形成正确的立场,树立正确的观念,以科学的方法分析和解决问题,在学习过程中培养观察能力与批判性思维,学会在实际行动中汲取知识、深化理解,并准确把握时代的前进脉搏。同时,要具备敏锐的社会洞察力,能准确区分主流与支流、表象与实质,构建起多元化的思维模式,涵盖系统性思考、科学逻辑、历史视角及创新意识等维度。

课程思政将科学思维展现得淋漓尽致,它不仅强调科学思维方式的培养,而且与唯心主义、机械唯物主义相对立,倡导运用历史唯物主义和辩证唯物主义的透镜来分析问题,展现出科学思维的独特魅力。在全球化背景下,国际舞台上的社会意识形态纷繁复杂,各种思想潮流在不同的社会领域此消彼长,相互碰撞。在这一背景下,我国教育界需要科学思维才能顶住压力,需要加强思政教育才能抵住侵蚀。可见,将思政教育融入不同学科课程中非常必要。只有加强思政教育,树立科学思维,才能将牢固的思想防线树立起来,使学生面对各种错误思潮时能够自觉抵制。

课程思政不仅体现了科学思维,还体现了创新思维,强调将思政教育融入除思政理论课以外的其他学科课程中,如果像传统思政教育一样单靠思政理论课教育培养学生的思政素养,显得孤掌难鸣,力量比较单薄。如果能够在思政理论课之外的其他课程中融入思政教育,在课程思政的实施中树立创新思维,谋求新的出路与发展,创造新的方法与空间,那么思政教育将得到创新发展,思政育人目标也将在更高层次实现。与此同时,在其他学科课程教学中融入思政教育也体现了学科课程的创新,对提高学科课程的实施效果和教学质量也具有重要创新意义。

(五)方法:显隐结合

在人才培养中,要先回答三个根本问题:一是培养什么样的人,二是怎样培养,三是为谁培养。只有明确了这三个问题的答案,才能在坚持社会主义办学方向的基础上明确人才培养方向,提高人才培养质量。人才培养是一个复杂的工程,其中涉及诸多培养体系,包括教材体系、教学体系、管理体系等，而无论是哪个体系，思想政治工作体系都始终贯穿其中。可见，在人才培养的蓝图中，思想政治工作必不可少。课程思政的提出也恰好反映了这一点，在人才培养中践行课程思政，围绕思想政治教育对人才培养的目标、内容、模式、方法等进行改革，在各类培养人才的课程实施中，将与政治认同、国家意识、文化自信等思政元素融入知识传授、技能培养中，将知识、技能的显性教育与思想政治隐性教育有机统一，能够培养全面型人才，促进学生全面发展。

三、课程思政的价值

　　课程思政的提出与实施，标志着我国教育理念的一次重大革新，它巧妙地解决了传统教学模式中专业知识传授与思想政治教育割裂的问题。在过去，各学科与思政教育往往被视为两条平行线，各自独立发展，这在一定程度上限制了教育全面育人的效能。然而，课程思政的出现打破了这一壁垒，通过在专业课程中有机融入思政元素，实现了知识传授与价值观塑造的双重目标。

　　具体而言，课程思政不仅拓展了专业课程的内涵，使之不再局限于纯粹的知识技能训练，还赋予其更深层次的人文关怀和社会责任感。学生在学习专业知识的同时，潜移默化地接受了社会主义核心价值观的熏陶，增强了对国家、社会和个人成长的深刻理解与认同。这种融合式教育模式，不仅提升了教学的综合效果，还激发了学生的学习兴趣与社会责任感，实现了"教书"与"育人"的完美结合。此外，课程思政的成功实践也为我国未来教育改革指明了方向。它证明了跨学科整合与创新教学方法的重要性，鼓励教育工作者探索更多既能提高教学质量，又能培养学生全面素质的教育策略。随着课程思政理念的深入人心，我国教育体系有望朝着更加科学化、人性化的方向迈进，培养出更多德才兼备、适应时代发展的优秀人才。

　　课程思政的推行，不仅是一场教学模式的革新，更是教育理念的升华，它促使我们重新审视教育的本质，即如何在传授知识的同时，培养学生的道德情操与社会责任感，最终实现个人成长与社会进步的和谐统一。这不仅是对传统教育模式的补充和完善，更为我国构建现代化教育体系提供了宝贵的

第五章 课程思政理念下高校网球教学改革及其课程思政建设

实践经验。

（一）学校层面的价值

在瞬息万变的社会大环境中，学校作为青少年教育的主阵地，承载着塑造未来公民的重任。面对多元文化和思潮的冲击，学校如何坚守教育初心，把握正确的教育导向，显得尤为重要。课程思政的提出，恰似一盏明灯，照亮了学校教育的前行之路。它不仅实现了知识教育与道德教育的深度融合，更从战略高度明确了学校教育的核心价值，即在传授知识的同时，注重培养学生的道德情操和社会责任感。通过课程思政的实施，学校得以在复杂多变的教育环境中，坚守"教书育人"的神圣使命，确保教育质量与教育目标的高度统一。

（二）教师层面的价值

对教师而言，课程思政的实施提出了更高层次的职业要求——"真学、真做、真信"。

首先，"真学"鼓励教师拓宽视野，不仅精于专业知识，更要关注社会动态，实现跨学科学习，促进个人全面发展，成为学识渊博的学者型教师。

其次，"真做"要求教师秉持"以人为本"的教育理念，不断探索创新教学方法，将思政教育自然融入专业课堂，潜移默化地影响学生，提升教学的艺术性和实效性。

最后，"真信"强调教师应具备高尚的道德品质，以身作则，言行一致，通过自身的示范作用，对学生进行正面引导，成为学生心中的表率。

"三真"要求不仅提升了教师的专业素养，更促进了教师教育理念的转变，为打造一支高素质、高水平的教师队伍奠定了坚实基础。

（三）课程层面的价值

从课程层面看，课程思政并非简单的叠加，而是一种创新性的融合。它要求根据专业课程特点，深度挖掘蕴含其中的思政教育资源，并巧妙地将思政课程内容与专业教学有机结合，形成"润物细无声"的教育效果。通过这种方式，思政教育不再是孤立存在的学科，而是贯穿于整个课程体系，与专业知识相辅相成，共同促进学生综合素质的全面提升。课程思政不仅实现了"智育"与"德育"的完美结合，更推动了不同学科间的跨界交流与融合，为我国教育模式的创新提供了宝贵经验。在体育课程中融入课程思政理念，不仅能够培养学生扎实的体育技能，更能滋养其心灵，塑造健全的人格，使课程内容更加丰富多彩，教育价值更加凸显。

课程思政的实施，从学校、教师、课程三个层面出发，全方位、多层次地提升了教育质量，不仅促进了学生全面发展，也为我国教育事业的长远发展注入了强大动力。它不仅是一种教育理念的革新，更是一场教育实践的深刻变革，引领着我国教育事业向着更加科学、全面、高质量的方向迈进。

四、体育课程思政的内涵与意义

（一）体育课程思政的内涵

体育课程思政指的是以体育课程为载体，将思政教育元素融入课程教学中，构建融体育知识传递、体育能力培养和思政教育于一体的体育教育实践活动。体育课程思政要求在体育教学的全过程贯穿思政教育，在向学生传播体育知识、培养学生运动能力的同时，引导学生树立正确的世界观、人生观和价值观，潜移默化地立德树人，对思政价值观的引领作用予以强调，在教学过程中渗透社会主义核心价值观，达到体育教育和思政教育的双重效果，实现促进学生全方位发展和提升的目标。

（二）体育课程思政的特点

1. 育人和健体相结合

大学生处于人生的重要时期，高校要特别重视对学生的栽培与引导，在

第五章 课程思政理念下高校网球教学改革及其课程思政建设

开展教学和培养人才时要紧紧围绕立德树人的根本任务展开。近年来,随着国外各种文化的不断涌入,一些大学生的价值判断力明显下降,尤其是受到西方价值的影响,导致部分大学生对社会主义思想缺乏高度认同,这对我国社会主义核心价值观建设造成了严重的阻碍。对此,高校要紧紧围绕立德树人的根本任务对大学生进行思想政治教育,培养全面发展的人才。

增强学生体质,培养学生良好的锻炼习惯,这是体育课程的基本任务。体育课程思政除了要完成体育课程的基本任务外,还要完成立德树人的任务,在培养学生健康体质、提升学生体育理论知识素养和实践技能水平的基础上,将核心价值观教育融入体育课中,引导学生形成正确的世界观、人生观和价值观,达到全面育人的良好效果。

2.思政元素丰富多样

随着体育事业的不断发展和各项体育运动的改革创新,体育运动的育人功能越来越突出,其中所蕴含的思政元素在体育全面育人中发挥了重要的作用。体育项目本身丰富多样,各类项目包含的思政元素各有特色,如武术中蕴含着深厚的武德文化和家国情怀,集体球类运动中注重团队精神、合作精神和集体主义价值观等思政元素等。在体育课程中充分挖掘思政元素,将专业教学内容与思政元素巧妙结合起来,能够培养大学生的优秀品质,使大学生得以全面发展,成为中国特色社会主义建设的中坚力量。

3.内部统一性

人体身体素质,如力量、速度、耐力、灵敏、协同、柔韧等,能够在体育运动中得到充分的展现。这些身体素质共同构成了人体运动素质,它们是有机统一的。体育运动本身就是一个有机统一体,它是外部的、显性的,相对而言,课程思政是内部的、隐性的,体育运动与课程思政好似矛盾体,但其实二者之间有着千丝万缕的联系,二者的相互连接与促进主要体现在同一性上。课程思政中蕴含着强大的精神力量、先进的社会意识和重要的社会主义核心价值观,在体育课程中注入这些元素,更加有助于促进体育教学、体育训练和体育比赛的深层次发展,同时也能够使课程思政建设更加丰富、具体和清晰。可见,体育课程思政是一个有机整体,在具体实施中体育和思政不可分割。

(三)体育课程思政的时代意义

1.落实立德树人的重要举措

学校教育的根本任务是培养人才,学校的根本使命是立德树人。课程思政的提出要求学校在育人方面不仅能传授知识和技能,促进学生文化素养和实践能力的提升,还应该注重对学生内在价值体系和思想观念的培养,促进学生思想观念意识的提升,引导学生形成正确的世界观、人生观和价值观。

青少年学生思想活跃,个性鲜明,面对这样的教育对象,应注重实施思政教育,并将思政教育融入专业课教学中,包括体育课。落实体育课程思政不仅能够培养专门的体育人才,还能通过思想引领和价值塑造提升学生的内在修养,将"育体""育德"结合起来。

体育课程思政的提出贯彻了全国高校思政工作会议精神,破解了体育育人的"单向度"困境,是全面贯彻教育方针、深入落实教育强国和体育强国发展战略、实施素质教育的重要组成部分。素质教育理念强调培养人才的基本素质,促进培养对象个性的发展与健全,实现全面发展。因为社会阅历比较缺乏,学生世界观、人生观和价值观还不够稳定,而且也有可能偏离正确方向。再加上社会上各种思潮激流勇进,学生难免会被负面思想和言论侵蚀。因此,将思想政治教育融入学生喜爱的体育课程教学中,既能培养学生的身心健康素质,又能提升学生的思想政治素质,并健全其人格,从而真正满足素质教育的要求。总之,体育课程思政强调体育多元价值的充分发挥,有助于实现新时代立德树人的根本任务。

2.建设体育强国的重要路径

世界各国的竞争主要是综合国力的竞争,而综合国力的较量又以人才的竞争为根本。在中华民族伟大复兴、中国特色社会主义现代化建设的进程中,人才战略作为国家发展的战略根基必不可少。只有落实人才战略,我国才能迈向新征程,体育强国梦才能实现。

新时代我国体育事业发展的最高战略目标就是实现体育强国梦。建设体育强国离不开专业人才支撑,因而培养高素质的体育人才队伍势在必行。这就要求对体育课程思政的独特育人价值加以挖掘,使其得以充分发挥,通过

第五章　课程思政理念下高校网球教学改革及其课程思政建设

体育课程思政建设与教学实施，培养身心健康、德才兼备的全面型体育人才，为体育强国战略实施提供重要的人力资源和基础保障，使体育人才在参与体育强国建设的过程中实现个人价值。

3.提升育人质量的重要手段

学校教育肩负着为国家培养优秀人才、立德树人的伟大使命。体育课程作为学校教育的一部分，要通过课程建设与教学实施去贯彻育人方针，完成育人使命。课程思政、全面育人等理念的提出，体现了国家在教育层面教育方针的变化与教育结构的完善。为贯彻国家教育体制改革的方向和国家教育方针的发展变化，要求在体育课程教学中将思政教育融入进去，将世界观塑造、人生观引导、价值观培养等融入体育知识传授与技能训练中，并借此培养学生的拼搏精神和顽强意志。体育课程思政是健康教育、思政教育和综合素质教育的统一体，是学校培养全面发展人才的重要举措，是提高人才培养质量的重要突破口，能够开创我国体育教育事业发展的新局面。

第二节　网球课程中思政元素的挖掘

一、爱国主义精神

在网球课程教学中，通过播放我国网球名将李娜勇夺大满贯桂冠的比赛录像及其感人至深的赛后访谈视频，巧妙地激发学生的爱国情怀，激励他们树立起为国家荣誉而奋斗的崇高理想。在实践训练环节，将学习网球技巧与职业球员坚持不懈、勇于拼搏、为国争光的精神紧密结合，以此作为培养学生深厚爱国主义情感的生动教材。充分挖掘网球运动中的爱国主义精神，能够在学生心中播下爱国的种子，引导他们认识到，在竞技体育场上的每一次努力都是对国家荣誉的一份贡献。

二、礼仪意识

中国作为历史悠久的"礼仪之邦",其文化精髓在于将礼仪融入日常生活的每一个细节,从家庭到社会,从个人交往到公共行为,无不体现出对礼仪的重视。然而,在当代社会多元化发展的背景下,个体个性化趋势增强,有时可能会导致一些基本礼仪规范被边缘化,特别是在年轻一代中,这种现象更为明显。网球运动被誉为"绅士运动",不仅仅因为其优雅的动作和技术要求,更重要的是它背后蕴含的深厚礼仪文化。网球礼仪不仅仅是赛场上简单的礼节,如交换场地时的握手、比赛中不随意打断对手发球准备等,它更是一种生活态度和人格素养的体现。通过网球礼仪教育,学生不仅能够学会如何在球场上展现出尊重与风度,还能将这些原则迁移到日常生活和未来的职业生涯中。在网球教学中要注重向学生传播网球礼仪文化,教授基本礼仪常识,从而培育大学生的礼仪意识与行为。

三、竞争与公平意识

如今社会竞争日益加剧,身处高压环境下的个体,对自尊与自我实现的渴望愈发强烈,面对挑战的坚韧不拔也达到了新的高度。在此情境下,网球课程作为载体,其内含的竞争元素对于塑造大学生的竞争意识显得尤为重要。网球运动特有的无时限赛制,以及平分后须领先两分方能获胜的规则,营造了一种紧张刺激、胜负难料的比赛氛围,高度体现了竞技体育的竞争性。将这种竞争精神融入网球教学,通过精心组织的教学比赛,让学生亲历高强度的竞争环境。在激烈的对抗中,他们不仅能够体验到胜利带来的欢愉,感受到自身进步的喜悦,还能在不懈拼搏中享受奋斗的乐趣。这样的教学设计,旨在全方位培养学生的竞争意识,让他们在追求胜利的同时,学会在逆境中坚持不懈,勇于超越自我。

在网球教学实践中,深入解析比赛规则不仅是理论教学的一部分,也是传递平等、公正等社会主义核心价值观的绝佳契机。例如,网球比赛中规定

第五章　课程思政理念下高校网球教学改革及其课程思政建设

首局结束后双方需交换发球权，且每逢奇数局继续交换，这一规则设计旨在消除场地条件（如风向、光照）可能带来的不公平因素，确保双方选手在完全对等的条件下竞技，体现了体育竞技的公平公正原则。平分情况下，要求一方必须连续赢得两分才能赢得该局，这样的规则设计进一步增加了比赛的不确定性和挑战性，鼓励参赛者在关键时刻发挥最佳状态，不懈拼搏，彰显了努力与坚持的价值。此外，通过抽签或抛硬币来决定挑边或发球顺序，确保了比赛开始前的起点公平，每个选手都有平等的机会利用这些初始选择来制定自己的战略，体现了机会均等和尊重对手的原则。这些网球规则都充分体现了这项运动蕴含公平的理念，挖掘这一元素，对培育大学生的公平意识具有重要意义。

四、遵守规章制度、乐于奉献的品质

在网球课程中，教师严格规定学生需着运动装备上课，强调上课前由体育委员负责集合队伍、清点人数，并行师生问候礼，这些举措在细微之处植入了规则意识与文明礼仪的种子。课堂上，学生被教导遵从指令、积极配合，无论是领取还是归还器材，都要求准时有序，这一过程无形中滋养了学生对集体的责任感与奉献精神。坚持执行这些日常课堂规范，不仅能够促进学生养成自觉遵循规章制度的习惯，还能够深化其对文明礼貌行为的理解，更在点滴积累中培育出乐于奉献、团结协作的优秀品质。

五、坚强的意志品质和自信心

在高校网球教学实践中，教师往往会面临诸如季节性气候变化导致的学生缺勤问题，以及体能训练中学生因畏难情绪而自我减负的现象。针对这些挑战，教师应当创新教学方法，采取一系列富有吸引力且能够激发学生内在动力的策略，以期在提升学生技能的同时，提升他们的意志力和持久力。教师还应引导学生搜集并分析网球比赛中单打回合次数最多的关键片段，这不

仅能够让学生从顶尖运动员的比赛中汲取灵感,学习他们不屈不挠、每分必争的精神,还能间接提升学生的战术理解和比赛阅读能力。

在技术与体能训练方面,教师应依据维果茨基的"最近发展区"理论,设置符合学生"最近发展区"的目标,激发学生的挑战欲望,鼓励他们在适度的困难面前不退缩,从而逐步建立起克服困难的信心。

六、诚实守信的品质

诚信,作为社会主义核心价值观的基石之一,对于培养新时代全面发展的人才至关重要。在网球教学领域,引入"信任制"赛制不仅是一种比赛方式,更是诚信教育的鲜活实践。信任制比赛,即在缺少裁判监督的情况下,依赖于参赛者的诚实与相互尊重来维持比赛公正,这种机制直接考验并强化了学生的诚实守信品质。

教师通过组织诚信制教学比赛,使学生在无外部强制监管的环境下依靠自身的道德准则来判定得分、承认失误,这种自我管理和自我监督的过程,促使学生在实践中内化诚信意识,学会自我约束,同时也培养了实事求是、尊重事实的严谨态度。这样的教学活动,让学生在享受网球运动乐趣的同时,也在不知不觉中接受了深刻的思想政治教育,将诚信这一核心价值观念根植于心。教师应充分利用这一独特教育场景,将网球技术教学与诚信教育、社会责任感培养等思想政治教育内容有机融合。通过讨论、案例分析、角色扮演等多种教学手段,引导学生深入理解诚信的内涵与价值,探讨诚信在个人成长、社会交往乃至国家治理中的重要作用,进一步弘扬社会主义核心价值观,培养既有专业技能又具高尚道德情操的未来栋梁。

七、创新精神和团结协作能力

在网球教学中,教师不仅应致力于技术动作的精准传授,更应巧妙地融入网球技术的历史演变,以此作为激发学生兴趣的钥匙。通过讲述网球技术的发展轨迹，可以有效唤醒学生的好奇心，驱使他们主动探索网球新技术，进而培养其创新思维和不断寻求突破的能力。与此同时，面对当今社会对大学生团队协作能力的迫切需求，网球课堂提供了理想的实践平台。鉴于网球教学中运动场地的特殊性及学生间技能水平的差异，教师可以巧妙设计分组练习，鼓励学生在小组内部进行技术交流和策略讨论，这不仅提高了沟通效率，还促进了学生之间相互学习、相互支持。通过小组配对练习，学生能学会如何在差异中寻求互补，如何在合作中提升整体效能。

此外，组织双打比赛和团队合作游戏，是培养与增强学生集体协作意识的有效方式。在双打比赛中，学生需不断磨合、默契配合，学会运用非言语信号交流，这直接锻炼了他们的协作能力。而团队游戏则使学生在轻松愉快的氛围中体验到团队合作的乐趣，并有效培养学生的团结协作能力和集体主义精神。

第三节　课程思政理念下高校网球教学改革与优化路径

在课程思政理念下改革高校网球教学，需要从教学目标、教学内容、教学手段和教学环境等多个教学要素着手，从而全面优化与健全完善网球教学体系。

一、基于网球文化制定网球教学目标

网球课程开展中，首要坚持的是以健康为本的原则，确保学生在安全、健康的环境中学习与成长。同时，深化爱国主义教育的内涵，激发学生内心

深处对国家的热爱之情，引导他们树立正面的价值导向，坚固其理想与信念的基石。我国网球健儿在国际赛场上展现出的那份不屈不挠的精神风貌，正是体育精神的精髓所在，背后折射出的是对祖国深沉的忠诚与挚爱。我国在世界网球舞台上的连连佳绩，不仅是网球运动蓬勃发展的证明，也标志着我国网球正逐步达到国际水平。在竞赛的激烈较量中，坚持不懈的理想信念与高尚的体育精神，成为我国选手突破重围、摘金夺银的关键力量。在高校网球教学中培养学生的这种精神是网球课程的重要目标之一，也体现了思政教育融入网球教学的重要意义。

网球运动不仅仅是一项对技术和体能要求高的体育项目，它还深深植根于一种积极向上的文化土壤之中。在这样的文化氛围里，"勤练好学"不仅是提升技能的法宝，更是一种生活态度的体现。鼓励学生在技术训练、战术理解、心理调节等各个方面都秉持这一作风，能够有效帮助他们在面对比赛压力和技能挑战时，展现出更强的心理韧性和持续进步的能力。实战教学是检验和提升这种精神的最佳场所。教师应身体力行，与学生并肩作战，共同分析每次训练和比赛中的得与失，引导学生从错误中吸取教训，从成功中总结经验，逐步培养出不畏艰难、勇于挑战的坚韧性格。将网球文化的精髓——如尊重对手、公平竞争、不懈追求卓越等价值观，融入到日常教学活动中，要求教师采用多元化教学策略，比如结合网球历史、规则讲解、著名运动员案例分析等理论内容，与基础动作训练、模拟比赛、视频分析等实践活动相结合，形成一个立体化的教学体系。这样不仅能够提升学生的运动技能，更重要的是，能够在潜移默化中塑造他们的品格，实现立德树人的根本教育目标。

二、理论与实践相结合，丰富网球教学内容

2021年，随着教育部办公厅发布《〈体育与健康〉教学改革指导纲要（试行）》，一股新的教育风潮在体育领域兴起，核心在于通过体育活动让学生体验到"乐趣、强身、人格完善、意志锤炼"的多重益处。体育比赛不仅激发学生的参与热情与提升运动技能，更是在锻炼体质、培养良好道德风尚

方面发挥着不可替代的作用。该纲要倡导"教会、勤练、常赛"的教学模式，旨在构建一套系统、规范、常态化的体育课程体系，同时与思想政治教育体系相融合，为网球课程的教学提供一个全面的框架。

在"教会"层面，教师扮演着至关重要的角色，不仅要教授网球的基础技能和知识，还要巧妙地将中国杰出运动员的成长故事及技术特色融入课堂，让学生在学习技术的同时，被这些体育英雄的坚韧不拔和不懈努力所感染，从而激发出更强烈的体育参与意愿。

"勤练"强调持续不懈的训练态度。中国网球界的成就，是历代运动员、教练员不懈奋斗的成果，展示了在任何条件下持之以恒、刻苦训练的重要性。教师应当借此勉励学生，无论是顺境还是逆境，都要坚持训练，明白所有的成功都不是一蹴而就，而是通过日复一日的辛勤付出积累而成的。

"常赛"，则鼓励学生将所学技能应用于实际比赛，提升实战应对能力。比赛环境的不确定性与挑战性，是日常训练难以完全复制的，它要求学生不仅要有扎实的技术基础，更要有灵活的战术应用和强大的心理承受能力。特别是在双打项目中，团队合作成为决定胜负的关键因素，促使学生深刻体会到团结协作的力量，以及在逆境中不屈不挠的重要性。通过频繁的比赛参与，学生不仅能够提高竞技水平，更能学会在挑战中寻找乐趣，体会网球运动的深层魅力，最终实现身心的全面成长。

三、采用多元化网球教学手段

在教育创新的背景下，单一的教学方式已难以满足当下学生多元化、个性化的需求，容易导致课堂氛围沉闷，学生学习动力不足。因此，在课程思政的引领下革新网球教学策略，至关重要的是实施多样化教学手段，激活课堂活力，充分调动师生的积极性与创造性。

首先，深度整合教学内容与学生特性，将思想政治教育与学生主体性紧密结合。这意味着教师需细致洞察每位学生的个性与兴趣，巧妙融入思政元素，使课堂既充满知识性，又富有启发性，进而激发学生的内在潜能和不屈不挠的斗志。

其次，教师作为学生思想道德成长的引路者，其自身的思想政治素养与言行举止对学生的影响深远。加强教师队伍的思想政治建设和教育教学能力，确保每位教师都能在日常教学中自然而然地融入思政教育，成为学生模仿的典范，对培养学生的正确价值观和高尚道德情操起着决定性作用。

最后，强调学生的品德教育，网球运动以其独特的魅力，成为培养学生成长为既有体育精神又有文化修养人才的绝佳平台。利用翻转课堂、线上线下混合式学习及多媒体技术等现代教学手段，不仅能让学生在课外主动预习，提高自我学习的能力，还能在课上通过教师的示范与引导，深化对课程内容的理解，同时在互动中逐步树立正确的世界观、人生观和价值观。

四、优化网球教学环境

网球课程的育人成效是一个多维度、综合性的过程，它不仅仅依赖于直接的教学互动，还深受学校整体思政环境和校园文化氛围的影响。为了提升教学效果，学校可以从以下几个方面入手，创造有利于网球课程教学与育人的环境。

首先，融合思政教育与校园文化活动。结合重要节日、纪念日等，策划网球主题的文化周或月活动，如"网球与红色文化"论坛、"网球精神与个人成长"征文比赛，让学生在参与中领悟体育精神与家国情怀。也可以邀请知名网球运动员、教练来校办讲座，分享他们的职业生涯、训练心得以及背后的故事，激励学生树立正确的人生观、价值观。

其次，建立教师激励机制。构建包含教学效果、课程思政融合度、学生反馈等多维度的教师评价体系。同时，设立"课程思政创新奖""优秀体育文化推广奖"等奖项，并为获奖教师提供外出学习、参加高级研修班的机会，不断提升其课程思政教学能力。

最后，改善网球运动硬件设施条件，根据学生需求和课程开展需要，适时更新网球场地设施，增设室内训练场、智能计分系统等，创造更加现代化、更便捷的训练环境。此外，在网球场地周边设置体育名人名言、优秀学生风采展示墙，营造浓郁的体育氛围和积极向上的学习环境，使学生在每一次踏入场地时都能获得体育精神的鼓舞。

第四节 高校网球教学中融入课程思政的思路

一、在网球理论教学中融入课程思政

在网球理论知识传授中融入课程思政具有一定的优势，如可以在讲述中国网球发展历程时讲述网球界的重要历史人物，引入人物事迹材料，鼓舞学生的自信心。此外，还可以讲述网球运动对中国体育的特殊意义，启发学生参与网球运动的积极性与自豪感，激发学生勇于担当、敢于突破、顽强奋斗、为国争光的理想信念，学习前辈刻苦训练为中国夺得荣誉的爱国主义精神。

二、在网球实践教学中培养大学生的规则意识和法治意识

一个人高尚的道德品质在一定程度上是以强烈的法治意识、规则意识为标志的。每个人都应该具备规则意识和法治意识，高校思政教育也非常重视对大学生规则意识和法治意识的培养。利用网球技战术教学、以赛代练培养大学生的规则意识和法治意识是具有一定优势的，具体可通过下列方法将课程思政融入高校网球技战术教学中，从而促进大学生规则意识、法治意识的形成和强化。

第一，体育课程课堂教学与文化课程课堂教学不同，体育课堂上教学内

容、形式都比较丰富和灵活，教学过程比较生动，教师能否组织好课堂教学，关键在于要提出一些约束性规则，加强课堂常规管理。网球作为体育课的重要内容之一，在课堂教学中自然也要加强管理，加强规则约束，无论是组织学生领取和归置器材，还是进行准备活动、练习活动，教师都要提出明确的规范准则和行为要求，使学生依照规范和准则去行动、学习，这样网球课堂教学才能顺利实施。在网球技战术教学中，网球教师尤其要把握好规范性要求，时刻监督学生的行为，纠正学生不符合要求的行为，使学生按课堂规范、网球规则进行网球技战术学练，从而培养学生遵守规则和纪律的意识。

第二，在网球技战术教学中组织实践性的教学比赛活动，教师担任裁判员，向学生说明比赛规则，从专业的角度判断学生的比赛行为是否符合规则。学生必须严格按规则参赛，自觉遵守规则，约束与规范自己的比赛行为，一旦违背规则，将由担任裁判的教师提出惩罚事宜。有些学生认为，比赛规则只有运动员才需要遵守，是运动员的必备素质，而自己不需要遵守。这是错误的思维，体育本身就是有规则的身体活动，任何参与者都要遵守相关规则。大学生参加网球运动，学习网球技战术，应该自觉遵守网球规则，增强规则意识，并将此内化为自己的道德素质。具备该品质的学生，在体育运动中会遵守体育规则，在其他领域也会自觉遵守规则，而且法治意识也会渐渐增强，从而做一名遵纪守法的良好公民。

三、增加趣味竞赛内容，培养大学生的集体主义精神和合作意识

在网球教学中组织一些趣味性的技能比赛，尤其是需要小组合作才能完成的比赛，如双打比赛、团体比赛等，将有助于促进学生之间交流情感，建立友谊，相互学习，取长补短，共同进步。通过小组合作和组间对抗，学生会渐渐明白集体的力量是非常强大的，个人力量在集体面前十分微小，要融入集体，以集体利益为主，为集体的共同目标而努力才能获得集体的胜利，如果脱离集体，不与同学合作，主观臆断，将导致团队成绩落后。通过比

赛，学生将会在潜移默化中形成集体主义精神，合作意识与沟通能力也将得到提升。

四、以"网球精神"为融入点，培养大学生的意志品质和进取精神

高校思政教育也注重对大学生社会适应能力的培养。任何具有社会属性的人，要想成功，就必须具备一定的社会适应能力，这是大学生将来步入社会后的必备能力，也是大学生意志品质的一种体现。在高校网球教学中，教师应不断融入与渗透网球精神，利用网球精神从情感深处激励学生、磨炼学生，培养学生自强自信、勇敢机智、坚韧不拔、积极进取的良好品质，并让学生通过体会网球精神，真正学会宽容待人、以诚待人、关爱他人、尊重他人，这些都是大学生良好人格素质的重要组成部分。

第五节　高校网球课程思政建设

网球课程作为一门强调实践的课程，在技战术传授与体能锻炼中，其思政教育意义尤为显著。高校网球课堂兼顾理论与实践，不仅精讲技巧策略，也重视体质训练，通过此过程深入挖掘拼搏精神、规则尊重等思政价值，同时借由网球的悠久历史与丰富文化，构筑与德育紧密相连的桥梁。这种融合，对于提升大学生的道德素养、促进人格完善至关重要，是实现立德树人目标、培养德智体美劳全面发展的高素质人才的有效途径。为进一步促进高校网球教学与课程思政的融合，需要大力加强网球课程思政建设。当前，很多高校在网球课程思政建设方面还处于起步阶段，建设体系不成熟，存在诸多问题，客观分析这些问题与不足，采取针对性策略加以改进与完善，将促

进高校网球课程思政建设质量的提升，进而取得显著的网球课程思政育人效果。

一、高校网球课程思政建设的现状

（一）思政育人目标不明确

从三维目标分析法的角度出发，可以将高校网球课程目标分为三个维度：一是知识与技能，二是过程与方法，三是情感、态度与价值观。通过评价学生网球知识与技能的掌握情况，可以判断知识与技能目标的实现程度。通过设计与灵活运用具体的教学方法与手段，可以实现过程与方法维度的目标。而情感、态度与价值观维度的目标则比较难以直观评价，该维度的目标是思想层面的目标，相对抽象，如果在实践教学中被模糊处理或粗化处理，则不利于师生对该目标的理解，最终影响该目标的实现，影响全面育人效果的提升。

课程思政的提出对情感、态度与价值观这一维度的育人目标提出了更高要求，在高校网球课程思政实施中，必须将知识、技能的传授与价值引领结合起来。但当前很多高校网球教师没有将思想和精神层面这一育人目标纳入网球课程目标体系中，或者将思政目标表述得过于抽象、空洞，不利于理解和评价其实现程度。

（二）学生对课程思政的认知水平不高

课程思政理念要求在专业课程教学中进行思想政治教育，对专业课程中的思政元素进行挖掘与利用，在传授专业知识的同时引导学生在价值观上有所收获，充分发挥课程的德育功能，最终实现课程思政的立德树人目标。但由于课程思政理念提出的时间比较短，再加上课程思政建设还没有引起普遍的重视，其与专业学科的融合还处于初步阶段，所以一些大学生对该理念缺乏基本的认识和了解，也不关心自己在专业课教学中是否融入了思政教育，整体而言，思政意识薄弱，思政学习积极性不高。鉴于课程思政这一理念在高校的普及还不够广泛，所以要实现专业课程与思政教育的同向同行还有很长的路要走。

（三）网球课程思政资源没有得到充分挖掘

对网球课程中的思政元素进行挖掘是落实网球课程思政的首要环节。但受网球教师自身思政能力有限、网球中的思政元素较为复杂等因素的影响，导致网球课程思政元素的挖掘不够深入，虽然也在网球知识与技能教学中渗透了思政教育，但缺乏深度，对课程中思政元素的把握不够准确，或者一些教师直接将无关痛痒的实证内容强行套在网球教学中，最终不仅浪费了时间和资源，其育人效果也不甚理想。

（四）网球教师思政素养较低，思政教学能力有待提升

将思政教育巧妙地融入网球课程中，对网球教师的专业教学能力、思政能力提出了较高的要求。网球教师能否实施好网球课程思政教学，要看其综合素养是否能满足要求。当前，对一部分在职网球教师而言，在网球课程教学中挖掘思政元素、融入思政教育是不小的挑战，而且因为课程思政融入体育课程建设的相关研究还比较少，所以可借鉴的理论成果或教学模式十分有限。这部分网球教师现有的思政素养和思政教学能力，不足以支撑其将思政教育融入网球知识与技能的传授中，通过渗透式教育培养大学生的价值观。此外，还有一些网球教师的传统教育思维比较僵化、固定化，一时间难以改变，在授课时不善于将教书和育人结合起来，再加上思政能力的欠缺，最终导致网球课程思政建设与实施效果不尽如人意。

（五）网球课程思政教学评价体系有待完善

为保障高校网球课程建设的顺利进行，需要构建网球课程思政体系，并在实践中不断健全与完善该体系。但高校网球课程思政建设尚处于探索阶

段，这方面的教学管理机制还不够完善，评价标准也有待统一。高校网球课程思政缺乏相应的评价体系，主要与高校对体育课程思政不够重视有关，如果这方面的评价机制一直处于缺失状态，那么网球课程思政育人的效果就很难去评价，课程思政教学质量也无法保证。一些高校虽然在网球课程思政建设中初步构建了相应的评价体系，但评价指标相对单一，评价方式也不够灵活，依然无法对网球课程思政实施效果做出客观、准确的评价和判断。

二、高校网球课程思政建设路径

高校进行网球课程思政建设，并不是简单地将思政教育内容机械性地融入网球课程教学中，而是要从网球教学的特点和需要出发，在网球知识传授和技能培养的过程中对学生进行思政教育，其中必然离不开对网球运动自身思政元素的挖掘，力求充分发挥网球课程的思政育人价值，实现综合教学目标。

（一）立足学生，全面参与

立德树人是课程思政建设的主要目标，具体就是要促进学生思想道德水平的提升和实现全方位协调发展。不同学生因为成长环境、个性特征等的不同，他们的思想意识是有差异的，对价值认同、道德评价标准也有着不同的认识与理解。为提高学生的思想意识水平，促进学生正确理解道德评价标准，以高标准严格要求自己的道德行为规范，树立正确的价值观，应在高校网球课程教学中融入课程思政理念，具体要做到如下两点要求。

第一，立足实际培养大学生的网球专业素养。首先培养大学生对网球运动的兴趣，普及网球基础理论知识，使大学生进一步了解网球运动，然后通过深入教学，促进大学生网球认知水平、文化基础水平和技能水平的提升。

第二，举办丰富多彩的网球文化活动，将网球文化内涵渗透其中。培养大学生的体育精神，并使其深入了解网球文化内涵与思政教育的融合点，对网球课程中的思想政治元素进行主动探索，自觉在网球知识与技能的学习中接受思政教育，提高思想政治水平。

（二）进一步深入挖掘网球课程中的思政元素

要促进高校网球课程思政建设，必须对当前的网球课程设计模式进行优化，对网球课程中的思政元素进行充分且深入的挖掘，以高校优秀的师资为依托，与高校思政相关课程的授课教师探讨如何将思政教育融入网球课程建设中。利用网球课程本身的思政元素和德育功能，培养大学生的世界观、人生观和价值观，优化网球课程与思政教育融合的教学大纲，切实促进网球知识技能教育与德育、价值引领的统一，将立德树人融入网球知识传授与技能培养中，知识技能教育和思想政治教育并重，全方位、立体化培养全面发展的人才。

（三）丰富网球课程思政教学内容

在高校网球课程思政建设中，不断挖掘网球课程思政的内容资源，健全与完善网球课程思政内容体系也是至关重要的。在网球课程教学中融入思政教育，主要是在理论课中进行相关安排与设计。例如，在向学生普及与讲解网球竞赛规则时，培养与增强学生的规则意识、公平竞争意识。此外，在实践课上也能够贯穿思政教育，可以结合真实比赛案例，尤其是学生熟悉的网球运动员的案例，使学生体会网球运动中蕴含的体育精神和思想道德规范，以此启发学生向优秀运动员学习，自觉遵守规则和道德规范，学习运动员坚韧不拔、拼搏奋进的精神。也可以通过讲述中国网球的辉煌历史来培养大学生的民族自豪感和爱国主义精神。

（四）改革网球教学方法，深入实施思政教育

传统网球课程教学方法以讲授法、示范法、练习法为主，教学方法相对单一，缺乏创新。陈旧、枯燥的网球教学方法使得一些学生对网球课提不起兴趣，没有学习的热情，课上不认真学练，课下也不主动巩固知识与技能，导致网球教学效果较差。事实上，传统僵化的网球教学模式已然不能适应现代社会对高校网球课程教学的需求了，只有从教学方法上寻求突破、加强改

革、不断创新，才能改变网球教学的这一现状，使学生对网球课程产生浓厚的兴趣，积极参与网球运动。

网球课程教学方法的创新方式有很多，在课程思政理念下，结合思想政治教育的要求进行教学方法创新具有重要的现实意义。具体要求为，充分发挥网球课程的德育功能，采用开放式教学方法教育学生，将思政元素融入传统教学方法的实施中，综合运用多种方法和手段进行教学，使学生不仅掌握网球知识与技能，还能在潜移默化的思政教育中提升个人道德素养和综合素质。

为了在高校网球课程思政实施中达到更好的育人效果，网球教师可以根据教学实际设计翻转课堂教学方式，首先对网球运动中具有价值导向的要素加以整合，再运用任务驱动、问题讨论、文化比较等方法引导学生完成教学任务，鼓励学生以小组为单位合作学习，共同分析与解决问题，这有助于培养学生的合作意识和沟通能力，并能启发学生积极思考，主动探索，营造积极向上的学习氛围。

（五）培养与提升网球教师的课程思政能力

高校网球课程思政建设质量如何、课程思政实施效果如何，关键在于网球教师。网球教师作为网球课程思政的设计者与执行者，其自身的思政道德水平、思政教学能力直接影响最终的育人效果。从这一角度来看，要提高高校网球课程思政建设水准和课程思政育人水平，就必须加强对网球教师的思想政治教育与培训，促进其思想道德水平的提升、课程思政意识的强化以及将课程思政融入专业课教学中的能力。

为促进网球专业教师思政教育能力和专业教学能力的提升，应将德育意识培养的相关内容融入教师培训体系，并督促网球教师对中国特色社会主义核心价值观进行系统化学习，引导网球教师从网球领域发现与思政教育的结合点，并充分利用网球本身的思政元素、德育功能来教育学生、培养人才。高校可以组织体育相关的"思政课程"培训活动，鼓励包括网球教师在内的体育教师积极参加，并与其他体育项目的授课教师多交流、沟通，共同研讨将思政教育融入体育课程的方法，促进授课教师课程思政能力的提升和综合

第五章 课程思政理念下高校网球教学改革及其课程思政建设

育人能力的强化。

（六）健全与完善网球课程思政教学评价机制

在高校网球课程思政建设中，为促进建设工作的顺利开展，需要在教学管理体制中融入课程思政相关评价。高校网球课程思政教学是一个完整的系统，既包括课程思政的教学目标、教学内容、教学方法，也包括最后的教学评价环节，这是评价网球课程思政育人效果的重要环节，因此，在课程思政教学管理中要重视对育人评价机制的创建与完善。

具体而言，健全与完善网球课程思政教学评价机制要从以下两方面进行。

第一，在网球课程思政教学评价中，将网球教师的师德师风作为评价内容之一，并将此作为教师职称评定的一个指标，以此发挥教学评价的激励作用，鼓励网球教师自觉提升自己，在教师队伍中形成良好的思政教育风气和全面育人风尚。

第二，采用多元化的评价角度、评价方式和评价指标实施评价，打破传统教学评价中以技能评价、总结性评价为主的模式，注重考查学生的道德素质、体育精神和学习能力。在评价中要充分体现课程思政的要求，激励师生共同参与网球课程思政建设。

第六章 "互联网+教育"理念下高校网球教学优化及网络平台应用

　　现代信息技术的高速发展强烈冲击着教育领域，为高等教育的改革与创新发展提供了重要机遇，高校体育教育也因现代信息技术的融入而加快了发展步伐。网球作为高校体育教学中的重要项目之一，很受大学生欢迎，为了适应互联网时代对高校体育教育的要求，必须利用互联网技术对网球教学进行改革，并依托现代化技术构建网络教学平台，使网球教学向着信息化教育的方向发展。本章主要基于"互联网+教育"理念下，研究高校网球教学优化及网络平台的构建与应用，首先阐释与解读"互联网+教育"的内涵，在此基础上详细探讨"互联网+教育"理念下高校网球教学的反思与优化、Sakai网络教学平台在高校网球教学中的科学应用、微信平台在高校网球教学中的有效应用，以及高校网球教学中线上线下混合教学模式的构建与实施。

第六章 "互联网+教育"理念下高校网球教学优化及网络平台应用

第一节 "互联网+教育"的阐释

一、"互联网+"的阐释

(一)"互联网+"的概念与内涵

"互联网+"代表一种新的经济形态,是基于互联网平台促成各种经济资源的集聚和交互,将互联网的科技成果、商业模式和创新能力,深度融合于经济社会各领域之中,提升虚拟和实体经济的创新力和生产力,形成更广泛的以互联网为基础设施和实现工具的经济发展新形态。[①]

"互联网+"时代的推进,不仅仅是技术层面的革新,更是人类思维方式和行为模式的深刻变革。在这个过程中,硬件设施如云计算、高速网络、智能终端等是基础,它们构成了万物互联的物理支撑;但更为关键的是,人们需要培养适应这一新时代的互联网思维,即开放、共享、协作、创新的思维方式。这种思维方式强调以用户为中心,快速迭代,跨界融合,强调数据驱动决策,重视用户体验与价值创造。人的需求是技术创新的原始驱动力,技术的发展应当以人为本,旨在提升人类生活的质量,促进社会的公平与进步。在"互联网+"的浪潮中,技术不仅保护个体免受信息不对称的困扰,解放人们繁重的体力与脑力劳动,更通过提供个性化学习、远程工作、健康管理等服务,极大地促进了人的全面发展。"互联网+"不仅深刻地影响着外部世界的生产方式、商业模式,也在潜移默化中改变着人们的内在认知结构,激发了前所未有的创新潜能和批判性思考能力。这种思维方式的转变,促使人们不断寻找新的问题解决方案,孕育出新的商业模式、社会服务模式,甚至是全新的文化形态。"互联网+"与传统产业的深度融合正在不断地催生出意想不到的成果,这些成果不仅体现在经济增长上,更体现在社会

---

① 刘学忠,赵永涛. 互联网+教育发展新范式[M]. 银川:宁夏人民教育出版社,2020:85.

服务的优化、教育资源的均衡、健康医疗的普惠、环境保护的智慧化等多个方面，推动社会向更加智能化、人性化、可持续的方向发展。

"互联网+"之所以能迅猛激发各行业的新一轮增长，核心在于其深深植根于创新的土壤之中。此模式不仅是互联网技术与传统领域的深度融合，更是互联网思维模式对既有规则的重塑与超越。互联网思维，以其用户中心、快速迭代、数据导向等特质，不断推动技术与产品的迭代创新，形成一个动态演进的创新链。技术进步的车轮滚滚向前，互联网技术革命持续加速，迭代周期日益缩短，这直接驱动了"互联网+"内涵的不断丰富与拓展。对"互联网+"的正确理解，需要对以下几个要点予以把握。

首先，"互联网+"的本质超越了单纯的技术工具范畴，它如同空气与水，成为我们日常生活中不可或缺的生态要素，深度融入到社会的每个角落，从购物（如淘宝）、支付（如支付宝）、社交沟通（如微信）到出行服务（如滴滴），无一不彰显其存在感，塑造着我们的生活习惯与社会运作模式。

其次，在个人层面，"互联网+"不仅是一种生活方式的体现，更是一种价值创造的平台。每个人都是网络中的一个节点，通过不同的连接点——无论是社交、学习还是工作——编织起自己的网络。这些连接不仅增进了个人与外界的互动，也放大了个人影响力，有时，一个具有高度连接性的个体所能产生的价值，甚至超越某些小型团体。

再次，"互联网+"的核心精神可以凝练为"跨界融合，连接一切"。跨界融合，意味着行业界限的模糊与重组，是当前正蓬勃发展的趋势，它促使传统行业与互联网技术深度融合，催生出新的业态与模式。而连接一切，则预示着互联网的未来愿景，即万物互联，这也伴随着众多可能性与不确定性，要求我们具备更高的适应性和创新能力。

最后，"互联网+"的战略实施要求全局视角与系统思维，强调协同合作的重要性。在创新驱动发展战略下，唯有不断创新，才能敏锐捕捉发展机遇，有效应对复杂多变的市场环境。因此，"互联网+"不仅是技术的叠加，更是思维方式的革新，它呼唤着更广泛的合作与更深层次的整合，以促进社会整体的协同发展。

（二）"互联网+"的特征

在"互联网推动人类进步"的时代背景下，"互联网+"的特征主要表现在以下几方面。

1.跨界融合

"互联网+"中的"+"符号蕴含了丰富的内涵，它不仅仅代表着简单的相加，更是一种跨界融合、变革创新的象征。"+"意味着打破传统行业界限，将互联网与各个行业深度结合，催生出新的业态与模式，实现了从单一到多元、从封闭到开放的转变。

我们正处在前所未有的变革时代，技术进步和全球化的力量正在以前所未有的速度重塑我们的世界。互联网技术，特别是移动互联网和大数据的崛起，已经远远超出了最初的信息传播工具范畴，成为推动社会经济全面转型的关键驱动力。在这样的背景下，传统的行业界限变得越来越模糊，跨界合作与融合创新成为常态。互联网与传统产业的深度融合，不仅颠覆了原有的生产、服务模式，还催生了一系列新兴业态，如电商平台、共享经济、远程教育、数字医疗等，这些新兴产业不仅极大地丰富了市场生态，也为经济增长提供了新的动力。中国互联网的多年发展历程见证了这一行业从无到有、从小到大的全过程。从基础初创期的摸索前行，到产业形成期的规模扩张，再到快速发展期的蓬勃增长，直至今天的"互联网+"融合创新期，互联网已经深度融入到中国社会经济的每一个角落，成为推动经济结构调整、促进社会公平正义、提升公共服务效率的重要力量。

随着云计算、大数据、移动网络、智能终端等技术的飞速发展，互联网与传统产业的融合已经不再是趋势，而是正在进行中的现实。在中国，"互联网+"行动计划的提出与实施，正是对这一融合的积极响应与推动，不仅促进了信息技术与传统行业的深度融合，还加速了经济结构的优化升级，为经济发展注入了新的活力。

2.创新驱动

中国长期以来依赖的粗放型资源驱动发展模式已难以维系，转向创新驱动的发展道路是时代的必然选择。互联网的内在特质，倡导开放共享、快速迭代与用户至上的思维模式，恰逢其时地为这一转型提供了强大动力。它鼓励我们勇于自我革新，充分利用互联网思维激发潜在的创新活力。

当前，中国正处于向创新驱动转型的关键节点，未来的发展蓝图明确指向创意激发、创新引领、创业推动、创造支撑的全新模式。这一进程中，个人创造力的释放至关重要，而协同创新、跨界融合与多元化合作则构成了实现这一目标的坚实桥梁。国家政策层面，自党的十八大以来，创新驱动发展战略被提升至国家战略层面，科技创新被视为推动社会生产力跃升和综合国力增强的基石，居于国家发展全局的核心。

互联网及信息技术的突飞猛进，已成为全球经济新增长极，深刻地改写着生产、生活、消费的面貌，为中国在"互联网+"时代把握先机、占领未来发展高地提供了历史性机遇。在此背景下，中国正积极拥抱互联网时代，通过深化互联网与各行业的融合，加速传统产业转型升级，同时培育新兴业态，以此作为抢占全球科技竞争制高点、实现可持续发展的关键举措。

3.重塑结构

互联网技术的迅猛发展，正逐步消除既定界限，削弱信息不对称现象，深刻影响着经济结构、企业构成、地理界限及文化格局，促使其经历前所未有的变革与重塑。尤其引人注目的是，"互联网+"战略的深入实践，正有力推动互联网与社会经济各领域的深度融合，打破传统行业的固有框架，运用互联网逻辑重新定义和构建行业版图。

例如，工业互联网的触角已从消费品制造业延伸至装备制造、能源、新材料等领域，催生了"互联网+"协同制造和"互联网+"智慧能源的新模式，这不仅颠覆了传统工业的生产逻辑，更引领了一场生产方式的革命，加速了制造业的智能化和高效化转型。而在农业领域，互联网的应用已不再局限于农产品的线上销售，而是进一步向农业生产前端渗透，形成了"互联网+"现代农业的新格局，为农业的精细化管理、智能化决策提供可能，开拓了农业发展的新天地。

第六章　"互联网+教育"理念下高校网球教学优化及网络平台应用

4.尊重人性

人性的光辉，作为科技进步、经济增长、社会演进与文化繁荣的原动力，同样也是"互联网+"时代能量涌动的深层根源。这一模式之所以能够展现出如此强大的生命力，核心在于其对人性本质的深切理解和尊重——尊重个体体验，敬畏人的内在需求，以及对人的创造力的无限推崇。"互联网+"的每一步发展，都紧密围绕"人"这一核心要素，借助技术的飞跃，不断优化人的工作效率、交流质量以及生活体验的方方面面，确保每个人都能从技术的每一次革新中获得实质性的收益，映射出人性对于美好生活的不懈追求与向往。

不论是"互联网+"的新兴领域，还是历史悠久的传统行业，其存在的根本宗旨皆可归结为"以人为本，服务至上"。以"互联网+教育"为例，它跨越了传统教育资源分配的局限，无论学生的家庭背景、智力水平或个性差异如何，都能在同一片天空下，根据个人兴趣和学习习惯，自由选择教师、课程与教学模式。这种模式不仅允许学生通过听讲、讨论或辩论等多种方式参与学习，还充分利用通信技术，激活学生的视觉、听觉等多种感官，使学习过程更加生动、高效。更重要的是，"互联网+教育"在促进教育公平、确保每个人都能平等地享有受教育权利方面发挥了不可估量的作用，它打破了地域、经济条件的束缚，让教育的光芒照亮每一个角落，实现了人类尊严与教育机会的真正平等。

5.开放生态

互联网精神，秉承"开放、平等、协作、分享"的核心理念，跨越时空限制，将开放性从一种选择升华为生存的法则。在"互联网+"的框架下，创新驱动与跨界融合成为新时代的关键词，而这一切的实现，离不开对生态系统的优化与整合。传统行业需首先内修生态，优化内部结构与流程，随后与外部生态系统无缝对接，促成内外生态的协同共生，共同孕育创新的沃土。

推动"互联网+"的进程，旨在消除创新路上的绊脚石，将孤立的创新单元联结成网，确保研发活动紧跟市场需求，由市场这只"看不见的手"引导，同时为那些勇于创业、勤勉努力的人们搭建实现价值的舞台。小米公司的案例尤为典型，它开创性地运用互联网模式革新手机开发，邀请"发烧友"群体参与产品迭代，这一模式的成功不仅限于手机领域，还逐渐向其他产品线扩张，构建了一个涵盖硬件、互联网服务、新零售的多元化生态系统。小米通过开放其在硬件、互联网服务、新零售三大支柱领域的核心优势，吸引开发者共创共赢，深入挖掘并扩展这些领域的潜在价值，展现了一个生态融合、创新驱动发展的典范。

二、"互联网+教育"的内涵

"互联网+教育"是互联网技术与教育资源深度交织的产物，它运用互联网的工具与策略，对传统教育模式进行强化与改良，旨在提升教育的普适性、品质与效率，驱动教育领域的革新，孕育教育新生态。这一模式远超技术与教育的浅层联系，其内涵的准确把握，对指导我们的实际教育活动具有重要意义。

（一）"互联网+教育"是对教育各要素的全面重构

在推进"互联网+教育"的过程中，首要任务是实现人才培养观念的根本性转变，彻底挣脱应试教育框架及标准化教育模式的枷锁，转而聚焦于学生的全面发展。该模式倡导理论学习与实践操作并重，过程评价与结果考核兼顾，既尊重传统又鼓励创新，同步追求育人为本与能力培养，旨在构建高质量的人才培育体系，从而增强教育对国民经济发展的推动力。

1. "互联网+"正在触发教育教学模式变革

为了顺应人才培养目标的深刻变革，课程与教学内容体系亟待重构，着重强化创新思维和团队协作能力的培养，跨学科内容融合成为教学新风向。信息技术的飞速进步，为教育领域带来了智能化、个性化的教学新生态，使得按需定制的个性化学习方案成为可能，有效缓解了教育规模化与个性化难以兼顾的难题，为学生打造出更加贴合其独特需求的学习路径。

第六章 "互联网+教育"理念下高校网球教学优化及网络平台应用

2. "互联网+"全面推动教育评价方式创新

教育与智能技术的深度融合，将教育系统的监测与数据采集推向智能化、无感化的新阶段，覆盖教与学的全链条。借助大数据的力量，实现评价体系的多维度综合与智能化，通过对学生情感反应、学习态度、思维模式及行为习惯等全方位信息的综合解析，教学评估变得更加全面、立体且多元。此外，构建起的教学质量监控体系，配合智能评价工具的开发，不仅让教师、家长乃至学生自身都能积极参与到评价流程中来，提高了评价的参与度与互动性，还确保了评价结果的科学性与实效性。

3. "互联网+"显著促进教育治理水平提升

"云—网—端"架构的教育公共服务平台，以其高度集成的信息处理能力，极大提升了识别精度，使管理服务智能化，学校组织运作更为灵动高效。该模式在管理信息化与智能化的双轮驱动下，成功推动了管理、运营与评价职能的分离，显著增强了教育公共服务的效能，为教育治理体系的现代化与治理能力的飞跃奠定了坚实基础。通过深度融合大数据、云计算及物联网等前沿科技，教育领域实现了对教学活动全链条、全时段、全角度的动态监控，确保了教育服务的精准匹配、资源的最优配置及管理的极致细化。

4. "互联网+"迫切需要教师能力素养升级

随着信息技术与教育教学的深度融合，教师的角色正经历着前所未有的变革，逐渐从烦琐的体力与脑力劳动中解脱出来。在未来的教育愿景中，技术将成为知识传递的重要载体，而教师的核心职责将转向更高层次的教育使命：培养学生的实际能力、提升综合素质、进行心理引导以及塑造健全人格。这一转变对教师的能力框架提出了新的要求，促使教师职业标准全面升级，其中，教师的信息技术应用能力被赋予了前所未有的权重，成为衡量现代教师专业素养的关键指标。

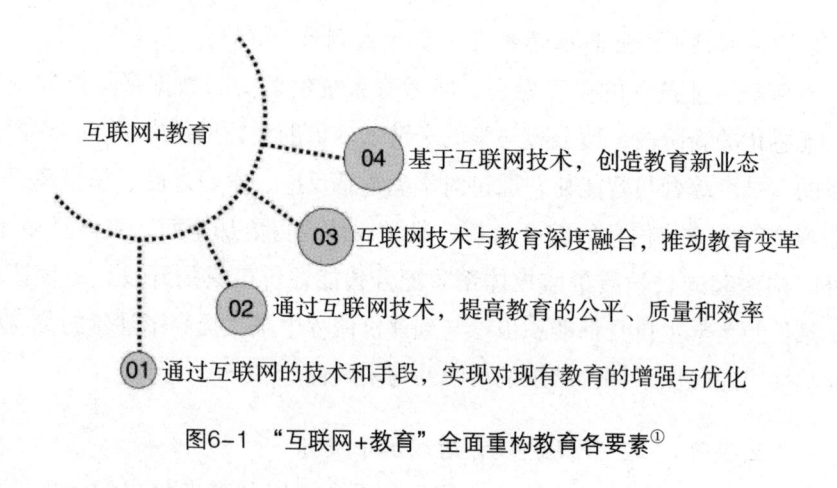

互联网+教育

04 基于互联网技术，创造教育新业态

03 互联网技术与教育深度融合，推动教育变革

02 通过互联网技术，提高教育的公平、质量和效率

01 通过互联网的技术和手段，实现对现有教育的增强与优化

图6-1 "互联网+教育"全面重构教育各要素①

（二）"互联网+教育"核心在于构建未来教育新生态

推动教育的深刻变革，核心在于构建一个全社会广泛参与、协同共进的良性生态系统。这要求我们建立健全学校与社会各界的联动合作机制，打破校园围墙的界限，实现教育资源在校内外的自由流动与高效共享，确保教育活动在不同场景下的顺畅衔接。通过这样的新生态建设，信息技术得以充分发挥其潜能，为教育的各个维度——教师教学、学生学习、课堂教学乃至整个学校的运营管理提供强有力的支持与赋能，进而推动教育治理体系的全方位革新。

首先，推动"互联网+教育"的深化发展，关键在于加速教育信息化的融合与创新步伐。遵循联合国教科文组织确立的"起步、应用、融合、创新"四阶段路径，其终极目标是实现教育与技术的深度融合创新，引发体系性的变革。这意味着，我们必须超越单纯的技术应用导向，将教育创新作为行动的起点和目标终点，从根本上转变发展思路。这里的创新，不仅仅局限于技术本身的原始创新或是技术集成的应用创新，更深层次的，它涵盖了教育理念的革新、教学模式的重塑、学习方式的变革、评价体系的重构以及管

---

① 刘学忠."互联网+教育"读本[M].银川：宁夏人民教育出版社，2020：122.

理体制的优化。只有通过这样全方位、深层次的创新，才能确保信息技术与教育的融合不仅仅是表面的叠加，而是产生化学反应，激发出变革教育的强大动能。这股力量，将促使教育体系更加灵活高效，更能适应未来社会的需求，真正实现教育的现代化转型与质量提升。

其次，推动"互联网+教育"的深入发展，要求我们将信息化深度融合，使之成为教育改革与创新的内在驱动力。这一进程远远超越了技术作为教学辅助手段的初级阶段，也不是零散地在教育体系的某些环节修修补补，而是全面采纳"互联网+"的理念、模式和技术，对教育体系进行根本性的重新设计与构建。尽管多年探索已初现信息技术对教育的变革潜力，但整体而言，其深度与广度仍有待提升，部分教育机构仍停留在将技术仅视为教学的辅助工具，甚至在某些情况下，技术成为强化传统教学模式的工具，比如利用数据分析强化应试训练，或是采用生物反馈设备监控学生注意力，这些做法实际上并未触及教育变革的本质。信息技术对教育的影响不应被狭隘地理解为局部性调整，而是一个涉及教育全貌、多层面、系统性的深刻变革。它旨在打破传统的教育壁垒，促进学习方式的多样化、个性化，提升教育的灵活性与包容性，真正实现从知识传授向能力培养、创新能力激发的转变。

（三）"互联网+教育"是促进优质资源均衡化的有力支撑

教育部发布的《关于加强"三个课堂"应用的指导意见》，精心规划了"专递课堂""名师课堂"与"名校网络课堂"三大教育创新模式，旨在通过互联网技术的深度融合，推动教育公平与质量的全面提升。

"专递课堂"以其针对性强的特点，着重解决农村地区薄弱学校和教学点师资短缺、课程开设不全的问题。通过网络直播、录播课程或同步课堂等形式，将符合教学进度的高质量教育资源直接送达这些地区，确保学生能够全面接触到国家规定的课程体系，有力促进了教育均衡发展，消除了地域与资源的鸿沟。

"名师课堂"则聚焦于教师专业成长的短板，强调优质教育资源的共享性。通过构建在线研修社群，探索数字化时代教研的新模式，使得顶尖教师的经验与智慧能够跨越地域限制，惠及更广泛的教师群体，特别是那些在偏远或教学资源匮乏地区的教师。这一模式有效提升了教师队伍的整体素质，激发了教师队伍的内在活力，促进了教育质量的整体提升。

"名校网络课堂"则响应了缩小区域、城乡、校际间教育质量差距的紧迫需求，依托知名学校的优质教育资源，通过网络平台提供丰富多样的在线课程和远程教育服务。这一开放性平台，不仅让学生不受地域限制地享受到顶尖学校的教育资源，还能根据自身兴趣与需求选择个性化学习路径，极大地丰富了学习体验，满足了学生对高质量、个性化教育的渴望。

总之，"三个课堂"的广泛应用，旨在形成常态化的教育创新实践，推动优质教育资源的广泛共享与高效利用，为我国学校教育的优质均衡发展注入了强劲动力。这不仅提升了教育的可及性和质量，也促进了教育公平。通过科技赋能教育，我们正朝着构建更加开放、包容、公平的教育体系迈进。

第二节 "互联网+教育"理念下高校网球教学的反思与优化

一、互联网时代高校网球教学的问题反思

（一）高校网球的发展受到传统教育理念的制约

当今社会，体育教育日益受到重视，但遗憾的是，我国多数高校的体育教学模式仍停留在较为传统的阶段，鲜少融入创新的教学思路与方法，这对高校体育事业的蓬勃发展构成了障碍。问题的核心在于，教师们固守传统教育观念，在课程实施中未能充分融合现代科技工具，导致教学内容显得单一乏味，教学手法陈旧，难以激发学生的兴趣。尽管一些教师具备出色的体育

技能和丰富的教学经历，他们在教学技巧和现代技术应用上却显得力不从心，这表明教师队伍的专业发展与技术融合培训亟须加强。

（二）网球教育设备缺少现代技术的支持

长期以来，我国体育事业虽稳步前行，但网球运动缺乏广泛的群众基础，相较于足球、篮球、乒乓球等热门项目，其在高校中的普及度明显偏低。这一现状直接导致网球专业师资力量的薄弱，以及相关运动设施、场地和现代技术支持的不足。网球运动本身的技术门槛较高，加之教学设施不够专业，双重因素作用下，基础较弱的学生往往难以提起学习兴趣，学习成效也大打折扣，进一步阻碍了网球教育的发展步伐。

调查发现，网球课程常因参与人数有限而采取大班授课形式，加之教学设施落后，缺乏现代科技辅助，学生对技能的掌握情况普遍不理想。缺乏充足的训练场地与现代化教育设备，网球教育的发展步履维艰。因此，要打破这一瓶颈，就必须加大对现代教学设备的投入，拓宽网球运动场地，通过科技赋能提升教学效果。

二、"互联网+教育"对高校网球教学的重要作用

（一）促进了教育形态的更新

长久以来，高校网球课程主要依托实体教室，依赖教师与学生的直接互动来传授体育知识和技能。但在"互联网+教育"背景下，随着信息化教学改革的推进，高校网球教学正经历一场深刻变革，引入线上教学与开放式学习模式，成功突破了传统课堂的时间与空间壁垒，开创了"线上+线下"融合教育的新局面，有力推动了教育模式的现代化转型。这种新型教学模式通过线上平台的运用，不仅拓宽了教育受众范围，还显著提高了教学效率。线上平台特有的教学内容存档功能，使得学生能够随时随地回顾学习内容，无论是即时学习还是复习巩固，都变得灵活便捷，极大地促进了学习效果的优

化。此外，结合线下实操与线上资源的互补，高校网球教学构建起一种更为灵活开放的教学体系，有效提升了教育体验的互动性和个性化水平，从真正意义上实现了教育形态的迭代升级。

（二）促进了教学理念的转变

长久以来，高校网球课程深受传统教学理念的束缚，主要表现为教师单一传授网球技能，学生则处于被动接受与模仿状态，这种模式过分强调教师的主导地位，明显忽略了学生的主体性和个性化差异。但随着教育革新的不断深入与互联网教育技术的融入，教育界日益意识到尊重学生主体性、关注个性化培养的重要性。在此背景下，高校体育教师逐渐树立信息化教学理念、以学生为本理念，教师角色由传统的"讲台主导"转变为"引导者"，致力于构建一个以学生为中心，倡导因材施教和人文关怀的新型体育网球环境。网球教师不再是单纯的动作示范者，而是成为鼓励学生探索网球奥秘的引路人，引导学生主动探索网球知识和技能。

在"互联网+教育"、以学生为本的教学理念下，体育教师需精心设计个性化网球教学方案，确保网球教学内容既贴近学生的体能水平，又能满足他们的实际需求。在新理念下，通过设定符合学生个体差异的教学目标，不仅能够促进学生在体育领域的个性化成长，还能引导他们在积极参与中领略网球的独特魅力，进而培养终身体育意识，为促进学生身心健康及全面发展奠定坚实基础。

（三）增进了师生交流

在传统高校网球教学中，受限于实体课堂的局限，师生互动与学生间交流常面临诸多障碍，如学生数量多、课堂氛围不浓，导致交流机会较少，难以深度促进师生情感联结。随着现代教育技术的进步，高校网球教学开启了"线上+线下"深度融合的革新阶段，开创了教学交流的全新维度。这一变革依托互联网技术，构建了跨越时空限制的互动平台，使得无论线上还是线下，学生皆能便捷地向教师或同伴发起提问，教师也能及时响应，给予个性化教学指导。这种方式不仅显著提升了网球教学辅导的精准性,还极大地丰富了师生交流渠道,深化了交流内容,拉近了师生心理距离,促进了师生情感的交流和关系的密切,也促进了网球教学环境的和谐融洽。

三、"互联网+教育"理念下高校网球教学的改革优化策略

(一)利用数字化设备提高学生学习的积极性

数字化在体育教育中的应用,本质上是对传统教学模式的一种革新,它通过数字技术模拟、增强和扩展了学习者的感知与认知能力,使体育教学变得更加直观、互动与个性化。在网球教学这一领域,数字化技术的融入具体可从以下几方面落实。

第一,利用计算机生成的三维图像和物理模拟,为学生创造出近乎真实的网球训练环境。这种技术可以帮助学生在虚拟环境中反复练习击球动作,无须担心现实训练中的场地限制和球耗问题,从而更安全、高效地掌握技术要领。

第二,通过穿戴式传感器或运动捕捉系统,实时记录学生的动作数据,精确分析挥拍速度、力度、角度等参数,让学生直观看到自己的动作与标准动作之间的差异,便于及时调整和优化。

第三,利用AI教练可以根据学生的表现提供个性化的训练建议和即时反馈,利用机器学习算法分析学生的学习模式和进步轨迹,智能调整教学计划,实现个性化教学,提升学习效率。

第四,通过数字化平台,学生可以访问丰富的视频教程、3D动画演示、互动问答等资源,随时随地复习技术要点,加深理解。这种自主学习的方式有助于激发学生的学习兴趣,培养自主学习能力。

第五,数字化教学能够收集大量训练数据,通过数据分析技术对学生的表现进行量化评估,教师可以据此了解每位学生的强项和弱项,为后续教学提供科学依据,实现精准教学。

总之，数字化技术在网球教学中的应用，不仅能够提升教学的趣味性和互动性，还能通过精准的数据分析和个性化指导，有效提升学生的学习兴趣和学习效率。

（二）建立优质网球教学资源库

在"互联网+教育"时代浪潮下，高校网球课程采纳线上线下融合的混合式教学模式，凸显出构建高质量网球教学资源库的重要性。首先，高校网球教研团队需精心挑选并改编网络中与课程内容相匹配、符合学生身心发展需求的资源，将其转化为实用的教学工具。这一举措打破了时空限制，确保学生能在任意时间、任何地点高效汲取网球知识，全面满足他们的个性化学习需求。其次，针对网球课程的具体内容，研发包括课件、微课视频、技术动作详细解析视频在内的多样化学习材料，使学生能够依据个人学习进度和掌握情况，灵活选取学习材料，自主调控学习路径，从而在自主学习的框架内实现学习目标。建立这样一个内容丰富、结构合理的资源库，不仅极大地拓展了学生的学习时间与空间，还通过混合式教学策略的实施，有效巩固学习成果，显著提升学习成效。

（三）加强专业师资队伍建设

在"互联网+教育"的理念下，高校网球教师面临着全新的挑战与机遇，他们不仅需要不断提升自身的网球专业技术与理论水平，更要积极适应互联网时代，提升在线教学的能力与素养。因此，强化教师的互联网教学素养培训非常重要。只有具备良好互联网素养的教师，才能够更加自如地运用多媒体、大数据、互动平台等现代信息技术手段，创新教学方法，实现个性化教学与差异化指导，也能够将线上资源与线下实践有机结合，创造生动、高效的学习环境，使学生在享受网球运动乐趣的同时提升技能水平。

高校网球教师应充分利用互联网资源，如订阅专业网球教学网站、关注行业动态，利用碎片时间学习最新教学理念与技术，确保教学内容与时俱

第六章 "互联网+教育"理念下高校网球教学优化及网络平台应用

进。此外，互联网为教师专业发展提供了广阔平台，教师可通过在线课程、专业论坛、网络研讨会等多种渠道参与继续教育，观看高水平的网球示范视频，参与专项技能培训，不断精进网球技能与教学艺术。这种灵活的学习方式，打破了地域与时间的限制，为教师成长开辟了新的路径。

第三节 Sakai网络教学平台在高校网球教学中的科学应用

一、Sakai平台简介

Sakai平台是一个开源的在线协作和学习环境，其诞生背景体现了高等教育界对技术创新与资源共享的追求。由麻省理工学院、印第安纳大学、斯坦福大学以及密歇根大学这几所美国顶尖大学携手创建的Sakai平台，不仅继承了这些高等学府的深厚学术底蕴，也融合了它们对教育技术前沿的探索精神。平台的自由使用、开发原则，以及对教育自由的倡导，吸引了全球教育者的广泛关注。

Sakai平台的核心优势在于其强大的协作功能和高度的灵活性。它不仅仅是一个在线课程平台，更是一个促进师生互动、资源共建共享的生态系统。无论是完全在线还是混合式教学模式，Sakai平台都能提供有力支持，通过丰富的功能模块，如课程资源管理、在线评估、作业提交与反馈等，为教学活动的开展提供全方位的解决方案。这种模式不仅打破了传统教育的时间和空间限制，还通过增强教学的互动性和个性化，促进了学习者主动参与和深度学习。

Sakai平台的开源性质，为其在全球范围内的推广与应用提供了独特优势。教育机构可根据自身特色和需求进行定制开发,这不仅增强了平台的适用性和生命力,也促进了教育技术的本地化创新。在国内,包括华东师范大学、复旦大学在内的多所高校的采用,证明了Sakai平台在适应不同教育环境方面的强大能力。

展望未来,Sakai平台的发展趋势显然是向着更加稳定可靠、易于扩展和深化协作的方向前进。它不仅将促进学习方式的变革,提升教育质量,还会通过促进资源的整合与共享,构建一个更加开放透明的学术交流环境。Sakai平台在推动精品课程建设、满足个性化学习需求的同时,也为实现教育的可持续发展贡献了力量,真正让教育变得更加普惠、高效和富有活力。

二、Sakai网络教学平台在高校网球教学中应用的必要性

(一)现代化教育教学改革的需要

综观我国体育教学的现状,传统模式的局限性日益显现,迫切需要一场深入的教学模式革新,以激活教育的新生机。为响应《普通高校体育课程教学指导纲要》的号召,体育课程设计需紧密围绕理论与实践的深度融合,强调教学方式的多元化,确保理论知识能够在实践中得以运用。在教学内容安排上,应遵循科学性与人文关怀,兼顾学生个体差异及兴趣,鼓励学生课外自主学习与锻炼,促进全面发展。

网球教学因其独特的户外实践特性,要求在传统教学基础上,巧妙融入现代技术以增强教学效果。Sakai网络教学平台的引入,恰好为网球教学带来了革新方案。它不仅能够作为强有力的辅助工具,帮助体育教师优化教学资源,通过图文并茂、视听结合的媒介,生动展现网球技战术要点,还将实战经验系统化,便于学生在任何时间、地点反复学习和模仿。这一平台利用网络的无限潜能,不仅补充了现场教学的局限,还通过个性化学习路径的设计,激发学生的学习主动性,确保每位学生都能根据自身条件和进度高效学习,从而在网球技能提升的同时,也促进学生自主学习能力的成长,为体育

教学改革的实际落地提供了强有力的支撑。

（二）网球教学发展的需要

当前网球选修学生群体呈现出明显的技能分化：一部分学生基于其他球类运动的基础，能够较快吸收网球技能与理论，与课程内容无缝对接；另一部分学生则因初涉网球，理论匮乏且技术生疏，难以跟上教学进度。面对这一现状，整合现有教学资源与环境，加速学生网球技能成长，确保教学顺利推进，教学模式的革新势在必行。

首先，网球教学的本质在于传递理论知识与实践技能。Sakai网络教学平台的融入，为网球课程提供了创新教学途径，它不仅能够强化学生对网球知识、技能的掌握，还能通过网络的便捷性，使学习不受时空限制，满足不同起点学生的需求。学生可依据个人进度，灵活复习与预习，深化对课程内容的理解。

其次，多媒体与网络技术的综合运用，极大丰富了教学手段，提升了教学效果。动态的视频演示与细致的动作剖析，使得技术要领的展示更为直观生动，学生得以全方位、深层次地观察与模仿，加速了对技术细节的把握与内化。网络资源的海量性，更是为学生自我提升提供了广阔空间，他们可以主动探索、分析网球技术的关键环节，加深对动作原理的理解，促进网球技能与综合素养的全面提升。

三、高校网球教学中可利用的Sakai平台技术工具

将Sakai平台运用于网球教学过程中，可以提供一系列促进互动和提高学习效率的工具。

（一）课程大纲

这是学生学习的蓝图，教师精心规划并随时调整课程结构和要点。学生

通过预览大纲，能快速把握课程脉络，明确学习方向。教师不仅能够便捷地编辑和更新内容，还能方便地打印大纲，确保每位学生都能获得清晰的学习指南。

（二）资源

作为教学的核心支撑，资源模块促进了信息的自由流通。教师和学生均可上传、分享各类学习资料，从文档、视频到外部链接，应有尽有。权限管理机制确保了资料的安全与适当访问，促进了知识的有序积累与共享。

（三）在线课程

在线课程通过构建模块化的课程内容，支持多种形式的学习材料，包括文本、图像、音频和视频，模拟了丰富的课堂体验。用户友好的编辑器允许教师轻松插入多媒体元素，创造生动的交互式课程，且课程内容可导出和导入，极大的灵活性适应了学生不同的学习节奏和需求。

（四）练习与测验

练习与测验为教学评估提供了强大的数字化手段。教师能设计包含多种题型的在线测验，即时反馈机制让学生即刻了解自己的学习成效，促进了教学效果的快速优化。

（五）成绩册

成绩册能够实现自动化成绩追踪与管理，简化了教师的工作流程。教师可以设定多样化的评分标准，系统自动汇总成绩，并允许教师附上个性化评语，直接在线上发布给学生，增强了成绩反馈的时效性和透明度。

第六章 "互联网+教育"理念下高校网球教学优化及网络平台应用

（六）讨论区

讨论区作为促进交流的平台，讨论区鼓励师生间以及学生间的互动。无论是公告、邮件还是实时讨论，这一平台都促进了信息的即时交流，激发了学生的主动思考和批判性分析能力，同时也培养了他们的团队合作与沟通技巧。

四、Sakai网络教学平台在高校网球教学中应用的策略

（一）创设情境，导入问题

在运用Sakai网络教学平台进行网球教学时，教师能够巧妙地构建富有启发性的问题情境，利用多媒体技术将抽象的理论知识直观化、动态化。以第一堂课为例，聚焦握拍技巧、基础站位及正手击球技术的教授，教师可以精心设计一系列教学环节，通过引拍、击球动作的分步演示，配合技术要点解析、正确的准备姿势和随挥动作的展示，引导学生掌握网球拍的控制精髓。尤为重要的是，教学内容融入运动生理学与解剖学原理，帮助学生理解技术动作背后的科学依据，提升学习的深度和实效性。

针对初学者在学习正手技术时常遇到的两大挑战——身体位置调整与击球时机判断，Sakai平台的应用显得尤为关键。教师可通过平台的多媒体功能，创设慢动作视频情境，细致剖析正手抽球技术的每一个关键节点，如力量的蓄积（引拍）、释放（击球瞬间），以及动作完成（随挥与收拍），使学生能清晰辨识最佳击球点与身体协调性的要求。这种视觉化教学不仅加深了学生对技术动作的理解，而且激发了他们主动探究和反思的意识，比如为何某个动作会导致击球失误，或是如何微调站位以适应不同来球。

（二）建立假说，点拨学生

学生个体差异导致他们在面对同一问题时会有不同的理解和解答，这

要求教师在教学策略上采取更加灵活多样的方法，特别是在体育技能教学中，如网球技巧的教学。多媒体技术的运用为此提供了强有力的支撑，它不仅能够帮助学生从多个维度理解技术细节，还能激发学生的探索欲和学习动力。

针对握拍方式的教学，教师可以制作或选取一系列多媒体材料，详细展示大陆式、超西方式、半西方式、东方式等握拍方法的特点，结合动画或视频，说明每种握拍方式如何影响球的飞行轨迹、旋转和控制能力。学生在理论学习基础上，通过视频分析和实践尝试，逐步形成自己的感受和理解，教师再根据学生的反馈进行个性化指导，促进其找到最适合自己的握拍方式。

在发球教学部分，多媒体材料可以展示不同发球策略（如平击、切削、上旋）对球速、球路的影响，以及如何通过身体转动、腿部蹬地等动作技巧，有效增加发球的力量和精准度。通过比较不同发球方式的效果，学生可以更好地认识到"用身体带动手臂"而非单纯依靠手臂力量的重要性。

对于正手底线抽球等技术动作，采用慢动作视频、三维动画或生物力学模型，解析动作的各个阶段（如后摆、击球点、随挥），并结合运动生物力学原理，说明身体各部位（如腿部力量的传递、腰部转动、手臂与肩部的协调）如何协同工作以达到最优效果。这种方式能够帮助学生深入理解动作的科学性和合理性，鼓励他们在实践中不断调整优化。

（三）师生互动，共同探索

在提升教学质量的探索中，多媒体技术的融入成为优化教学反馈机制的有力工具。教师通过细致记录学生的学习进程，不仅针对个人表现给予精准指导，也关注小组动态，汇总集体反馈，这些珍贵资料随后被整合成经验库，供未来教学参考，确保类似问题得到高效解决。以网球正手抽球为例，面对学生常遇的击球下网与出界难题，多媒体的创意应用大放异彩。

利用Sakai平台，教师巧借视频、动画、图文及音频等多种媒介，激活学生的空间思维，直观展示网球运动的力学奥秘。通过播放标准动作视频与常见错误对比，结合动画解析击球瞬间的力量分配与轨迹影响，学生能迅速识别自身操作偏差。此外，引入互动软件模拟击球过程，实时反馈调整效果，使抽象理论具体化，加深理解。小组合作在此模式中同样关键，学生在观看多媒体资料后展开讨论，分享见解，共同制定改正策略。教师则依据多媒体平台收集的个性化数据，定制辅导计划，进一步强化个别指导。此过程不仅促进了师生间频繁且深入的沟通，还激发了共同探究知识的热情，课堂因此转变为一个充满活力、协作友好的学习共同体。

（四）课后总结，巩固新学

在深化网球教学实践的过程中，强化归纳总结环节是提升教学质量的关键一环。教师通过认真归纳与反思，能够从过往的教学经历中提炼精华，预见并规避潜在的教学障碍，持续优化课程设计，尤其针对像正手底线抽球这类核心技能的教学。这一过程不仅是对过往经验的回顾，更是对未来教学成效的前瞻性布局。

为实现这一目标，教师应预先精心筹备，广泛搜集相关的教学资源与最新研究，利用多媒体技术将其整合呈现。例如，通过高清视频分解正手抽球的每一个关键技术点，配以动画演示力量传递路径与身体协调的重要性，使学生能够全方位、多角度地理解这一复杂动作。更进一步，教师可巧妙融合背景音乐，利用音乐节奏引导学生掌握动作节奏，这种视听双重刺激，不仅能增强学生对新技能的吸收效率，还能激发他们的学习兴趣，使得学习过程更为生动有趣。同时，利用多媒体平台进行即时反馈，如慢动作回放学生操作，对比正确与错误示范，能立即指出并修正学生的动作偏差，促进"学中做，做中学"的高效循环。伴随每一次练习后的即时点评与总结，学生能在不断尝试与调整中快速进步，而教师也能基于这些互动数据，不断调整教学策略，确保每位学生都能获得个性化指导，最终实现课堂教学的不断优化。

第四节　微信平台在高校网球教学中的有效应用

随着互联网技术在网球领域的渗透，尤其是移动终端技术的飞速革新，高校网球教学正迎来前所未有的转型机遇。在这一背景下，"微课""慕课"和"翻转课堂"等新兴教学模式依托网络平台应运而生，深刻改变了传统的教学互动模式。如今，师生互动已不再局限于实体教室内的直接对话，而是借助网络平台实现跨越时空的灵活沟通，极大地拓宽了学习的边界。

微信，作为一款普及度极高的社交应用软件，凭借其强大的即时通讯能力——包括但不限于群聊、视频通话、跨平台信息同步等功能，已悄然成为高校师生日常沟通与教学互动的重要桥梁。它不仅便捷了日常信息的交换，更为网球教学提供了创新的实践土壤。教师能利用微信发送技术指导视频、训练计划乃至直播教学，而学生则能随时提问、分享训练体验，这种即时反馈机制极大提升了教学的互动性和效率。更重要的是，微信平台的应用促进了教学模式的多样化发展，如实施"翻转课堂"，学生在课前通过观看教师推送的微课视频自学理论知识，课堂时间则专注于技术实践与深度讨论，这种模式加深了学习体验，提升了学习效果。此外，微信的群组功能便于组织线上讨论，增强了学生的参与感，也促进了师生交流，推动高校网球教学改革。

一、微信平台在高校网球教学中应用的意义

（一）有利于激发高校学生对网球学习的兴趣

兴趣是最好的教师。在这一内在动力的驱动下，学生的好奇心和求知欲被无限放大，学习态度与习惯随之发生积极转变。然而，在传统高校网球教学场景中，教学方法的单一性与学生个体差异的碰撞，往往导致学习效果参差不齐，部分学生因难以跟上整体进度而逐渐失去学习的兴趣与动力。

微信平台的介入，为这一困境带来了解决之道。教师可充分利用其丰富的功能，提前发布详细的课程安排及网球技能的分步视频教程，让学生在课外也能自主预习，即便没有现场指导，也能通过视频反复观看、模仿，自主发现问题。这种"自助式学习"模式，不仅让学生的学习更加灵活自主，还通过微信的即时通讯特性，搭建起了师生之间以及学生之间的快速反馈通道。学生在遇到疑惑时，能够及时与教师沟通，或是在微信群内发起讨论，这样的互动既增进了同学间的协作，又锻炼了他们的社交技能。

微信平台的融入，实质上是对传统教学模式的一次革新，它促使学生由被动接受知识转向主动探索与合作学习，形成了"课前预习—课堂深化—课后巩固"的高效学习闭环，教学效果显著提升。随着学习成果的显现，学生在网球技能上的成就感与自信心也随之增强，进一步激发了他们深入探索网球世界的浓厚兴趣。

（二）有利于营造和谐互助的学习氛围

微信平台的融入，为高校网球教学开辟了新的沟通渠道，构建了一个开放且支持性强的学习环境。在强调"以学生为中心"的教学理念引领下，教师开始积极探索角色转换，鼓励学生主动参与到教学活动中，尤其是通过预习掌握技能的学生，有机会成为"助教"，在课堂上分享自己的理解和技巧，这一举措不仅增强了学生的自信心，还激发了全体学生主动预习的动力，形成了积极向上的学习风气。教师由此获得了更多空间，能够从传统的讲授角色中解放出来，转而成为课堂讨论的引导者和学生潜能的挖掘者，通过密切的课堂互动，营造一种合作互助、充满活力的学习氛围，有效提升了教学的互动性和深度。微信平台的私密性和便捷性，减轻了面对面交流可能带来的心理负担，使得师生沟通更加自然顺畅，加深了师生间的情感联系，建立了更加平等和谐的师生关系。教师不仅能够通过平台分享教学资源，如详细的课件、技术分析视频，还能利用这一平台分享网球赛事的精彩瞬间、顶尖球员的训练故事，甚至是我国网球运动员的励志经历，以此丰富教学内容，寓教于乐，既激发了学生的民族自豪感，又潜移默化地培养了他们坚韧不拔、勇于挑战的体育精神。

（三）有利于提升高校网球教学效率

传统高校网球教学模式面临诸多局限，主要依赖课堂集中讲授和示范，遵循固定的教学大纲按部就班，学生大多处于被动接受状态。课程时间分配上，理论讲解和教师示范占比较大，留给学生实操练习的时间相对有限，加之课后缺少必要的指导与监督，导致学生难以充分消化课堂内容，网球技能学习往往止步于教室，这样的教学方式不利于技能巩固，也不利于激发学生的长期学习兴趣。

将微信平台融入高校网球教学，则为这一现状带来了转机。教师可预先制作技术动作的分解视频，并整合成详尽的课前预习材料，通过微信便捷地分享给学生。这种方式鼓励学生在课前主动学习，对照视频进行模仿练习，为正式上课打下良好基础。如此一来，课堂时间就能更加高效地用于深化理解、纠正错误和进阶技巧的教授，显著提升教学互动性和实效性。微信平台的即时通信功能，还为学生提供了无障碍的求助通道，无论身处何地，学生都能轻松向教师或同伴请教问题，及时获得反馈和指导。这种全天候的支持体系，不仅解决了课后练习缺乏指导的难题，还促进了学生之间的互助合作。

（四）有利于拓展网球学习空间

微信平台以其多元化信息交流形式，如文字、图片、语音、视频及链接分享，为高校网球教学开启了新纪元。通过微信朋友圈与公众号的窗口，学生得以触及更宽广的网络资源，有效扩展了学习的边界。教师能巧妙指引学生利用这一平台，探索海量网球知识宝库，比如关注网球专业公众号，这些资源库不仅汇集了详尽的网球教学视频，让学生紧贴技术前沿，掌握最新技战术，还提供了丰富内容，包括全球顶尖网球选手的赛事集锦、网球名将的励志故事等，极大地丰富了学生的学习体验，拓展了他们的学习空间。

二、微信平台在高校网球教学中应用的原则

（一）全过程管控原则

从前文分析可知，微信平台的融入，显著缩短了师生间的距离，搭建起一个促进平等交流的互动桥梁。为了确保教学活动的高效运行，教师需全面负责监督与管理各个环节：在课程开始前，及时推送预习视频，并明确预习任务，引导学生主动学习；课堂上，通过现场示范与深入讲解，加强学生对预习内容的理解与掌握；课后，继续跟踪学生的学习动态，督促他们按时完成复习任务与作业，并鼓励通过微信群分享，以增进互评与反馈。此外，教师应保持开放态度，主动倾听学生对于教学方式、课程内容等方面的反馈与建议。在整个教学周期，持续利用微信平台作为沟通的纽带，密切关注学生的学习进展与需求，及时根据学生反馈调整教学策略与内容，旨在不断优化教学效果。

（二）学生主体性原则

在高校网球教学中应用微信平台，需秉承"学生中心，教师引领"的核心理念，追求个性化教学与人文关怀的统一。教学宗旨在于，不仅传授网球技战术，增强学生体质，更在于培育其终身体育观念。这要求教师尊重并激发学生的主体性，点燃他们的学习热情。

首先，强化师生间的双向沟通，教师应主动倾听学生的声音，吸纳他们的反馈，灵活调整教学方案，使之更贴近学生的需求与兴趣。微信平台恰好提供了这样一个低门槛、高效率的沟通渠道，便于教师及时响应学生关切，实现教学内容与方法的个性化定制。

其次，微信平台作为强大的信息传播工具，应当被充分利用来增强网球文化的传播力度，通过分享网球赛事集锦、明星访谈、训练日常等内容，让学生全方位感知网球运动的独特魅力，深化其对这项运动的理解与喜爱，进而转化为积极参与的学习动力。

最后，鼓励并支持学生参与各级网球赛事，比赛是检验教学成果、激励学生潜能的有效途径。比赛不仅是技能的较量，更是心态、毅力的历练，能显著提升学生的自我效能感、集体荣誉感以及对网球运动的持久热情。教师应借助微信平台，组织赛前动员、赛后复盘，为学生提供展示自我、相互学习的舞台。

（三）不断改进优化原则

"学海无涯，志在千里"，网球运动的快速发展要求我们紧跟其技术与战术的迭代步伐。传统教材受限于出版周期，难免存在内容更新滞后的问题，而微信平台则为我们架起一座桥梁，直通网球界的最新动态和技术前沿。这不仅顺应了教育与时俱进的必然趋势，也呼应了当代学生追求新潮、渴望接触最尖端知识的愿望。

通过微信平台进行教学，要迅速获取全球网球赛事的最新资讯、顶尖选手的技术解析以及教练员的战术研讨，这些鲜活的信息促使我们不断审视并革新教学内容，采用更贴合时代潮流的教学方法。这种基于实时信息的教学优化，不仅让课堂焕发新意，更能有效激发学生的学习热情。

三、微信平台在高校网球教学中应用的策略

（一）通过微信平台在课前发布微教学视频

微信平台在高校网球教学中的运用，应全面渗透到教学的每一环节，首当其冲便是课前预习阶段。通过微信这个即时通讯工具，教师能够在班级微信群中定期发布精心设计的微教学视频，作为学生课前学习的预热。这些视频聚焦于即将教授的内容，如"正手上旋球"技巧，通过细致入微的分解动作演示及流畅完整的成套动作展示，为学生提前揭开课堂的神秘面纱，使其在正式授课前就能对技术要点有一个初步但全面的理解。

制作微教学视频时，教师应注重视频的精炼与高效，确保每个视频短小

第六章 "互联网+教育"理念下高校网球教学优化及网络平台应用

精悍,既能吸引学生的注意力,又易于消化吸收。视频长度应考虑学生的注意力集中阈值,通常控制在几分钟之内,便于学生利用碎片时间反复观看,加深印象。在发布视频时,至少提前一天,确保每位学生都有充足的时间进行预习,并鼓励他们在观看视频后尝试模仿练习,将实践视频反馈至群里,以便教师评估预习效果,及时给予个性化指导。对于那些在多媒体制作上不够熟练的教师,广泛利用网络资源是一个明智的选择。互联网上不乏高质量的网球教学视频,教师可根据教学需求筛选并分享给学生,这不仅丰富了教学资源,也减轻了个人制作的压力。重要的是,无论视频来源如何,教师都应事先审核,确保内容的专业性与实用性,使其与课程目标紧密相连。

(二)通过微信平台组织引导学生交流讨论

现代教育思想倡导以学生为中心,推崇愉快学习的体育教学模式,强调在和谐的师生关系和积极的教学氛围中促进学生全面发展。因此,教师需摒弃单向灌输的传统教学模式,转而鼓励学生勇于表达,主动提问,通过积极的互动与交流深化学习体验。微信,作为普及度极高的社交应用平台,为实现这一教学理念提供了理想平台。

以"正手上旋球"教学为例,为了巩固课堂所学,教师可巧妙利用微信群开展课后讨论,发布关于该技术动作的关键点与常见误区,作为检验学生理解程度的契机。这一做法不仅延伸了学习的边界,还激发了学生主动思考与分享的热情。教师在讨论中担任引导者,适时介入,点拨思路,引导学生深入探讨,而不是直接给出答案,这种引导式教学法有助于学生在互动中自我发现,加深记忆。需要注意的是,此类讨论活动并无固定时间限制,既可以在课前预热,激发学生的学习期待,也可以作为课后作业,促进知识的回顾与巩固,具体安排应依据教学内容与学生反馈灵活调整。

(三)通过微信平台指导学生进行课后练习

网球运动因其技术与战术的多样性,如正反手击球、接发球、截击、高压及挑高球等,对学习者提出了较高要求。鉴于课堂时间的有限性,学生仅凭课内学习难以全面掌握这些技能，课外自主练习成为提升技能不可或缺的一环。然而，现实情况显示，多数学生在课后缺乏持续练习的积极性，究其原因，主要在于缺少教师的持续指导与反馈。鉴于此，强化课后指导显得尤为重要，而微信平台的广泛应用为此提供了高效解决方案。教师应充分利用这一平台，创新课后辅导模式。具体实施上，教师可精心设计课后练习任务，要求学生录制练习视频上传至微信群，此举不仅便于教师及时掌握每位学生的练习情况，还能通过视频回放，精准识别技术动作的正确与否，对于表现优异的学生给予正面激励，对存在问题的学生及时予以纠正指导，确保每位学生都能获得个性化的反馈与指导。特别是在寒暑假期间，传统的面对面教学受到限制，微信平台的线上指导作用更加凸显。教师应持续通过平台发布假期训练计划，定期检查学生训练视频，保持与学生的沟通与监督，确保学生即使在假期也不放松训练，从而逐步培养学生的自律性和持之以恒的学习习惯。这种持续的线上指导不仅有效弥补了课后及假期教学指导的空白，还促进了学生良好运动习惯的形成。

第五节　高校网球教学中线上线下混合教学模式的构建

一、体育线上线下混合教学模式概述

（一）体育线上线下混合教学模式的概念与结构

体育线上线下混合式教学模式是在人本主义学习理论和建构主义学习理论的指导下，基于线上工具和平台（包括课程网络管理平台、音视频实时交互工具、文件上传平台、即时通讯工具），以信息技术为手段，对教学资源

进行整合和优化，将线上和线下的教学环境、教学时间、教学空间、教学方式、教学评价等进行混合，通过线上的直播、录播、慕课、文字加音频、线上互动研讨和线下面对面的课堂教学等多样形式，师生之间交流互动，使学生掌握学习内容的教学活动程序。①

体育线上线下混合式教学模式具有指向性、操作性、完整性、稳定性、灵活性等主要特点。教学模式的结构包括理论依据、教学目标、实现条件、操作程序和教学评价五个要素，它们相互组合在一起进行运作，基于这五大要素对体育线上线下混合式教学模式的构建如图6-2所示。

（二）体育线上线下混合教学模式的特征

线上线下混合教学模式在体育教学中的实践，体现了一种教育创新与融合。教师通过网络教学平台，精心编排并上传丰富的学习资源，包括音频讲解、视频演示及详细的课件文档，为学生提供了一个多元化、可自主访问的知识库。学生利用智能设备，不受时间和地点的限制，自由预习，通过反复观看和学习这些材料，为线下实体课堂的深入交流打下坚实的基础。这种模式不仅唤醒了学生的学习自主性，还激发了他们的创造性思维，鼓励学生在线上平台积极提出学习过程中的疑惑和难点，通过集体智慧的碰撞，与教师及同学共同探索解决方案，促进思维方式的革新。

在线下课堂上，基于前期的在线自学，学生与教师之间的互动变得更加深入且有针对性。面对面的"对话式"教学，使学生能直接向教师反馈线上学习的收获与不解之处，教师则根据学生的具体疑问，提供个性化指导，这种即时的"问答"互动，不仅促进了问题的有效解决，还加深了师生之间的理解和信任，实现了教学相长的双赢局面。

课后阶段，学生在平台上分享个人的学习体验与感悟，这一行为不仅促进了自我反思，还通过教师和同伴的反馈，形成了一个持续的学习循环。学

---

① 蒲娟，刘霞. MOOC平台线上线下混合式教学模式在体育教育专业中的应用——以网球课程为例[J]. 江西开放大学学报，2023，25（4）：35-42.

生可以从中获得宝贵的改进建议，不断优化学习策略，追求更高的学习成效。相较于传统教学，线上线下混合模式显著提升了学生的参与度与互动热情。

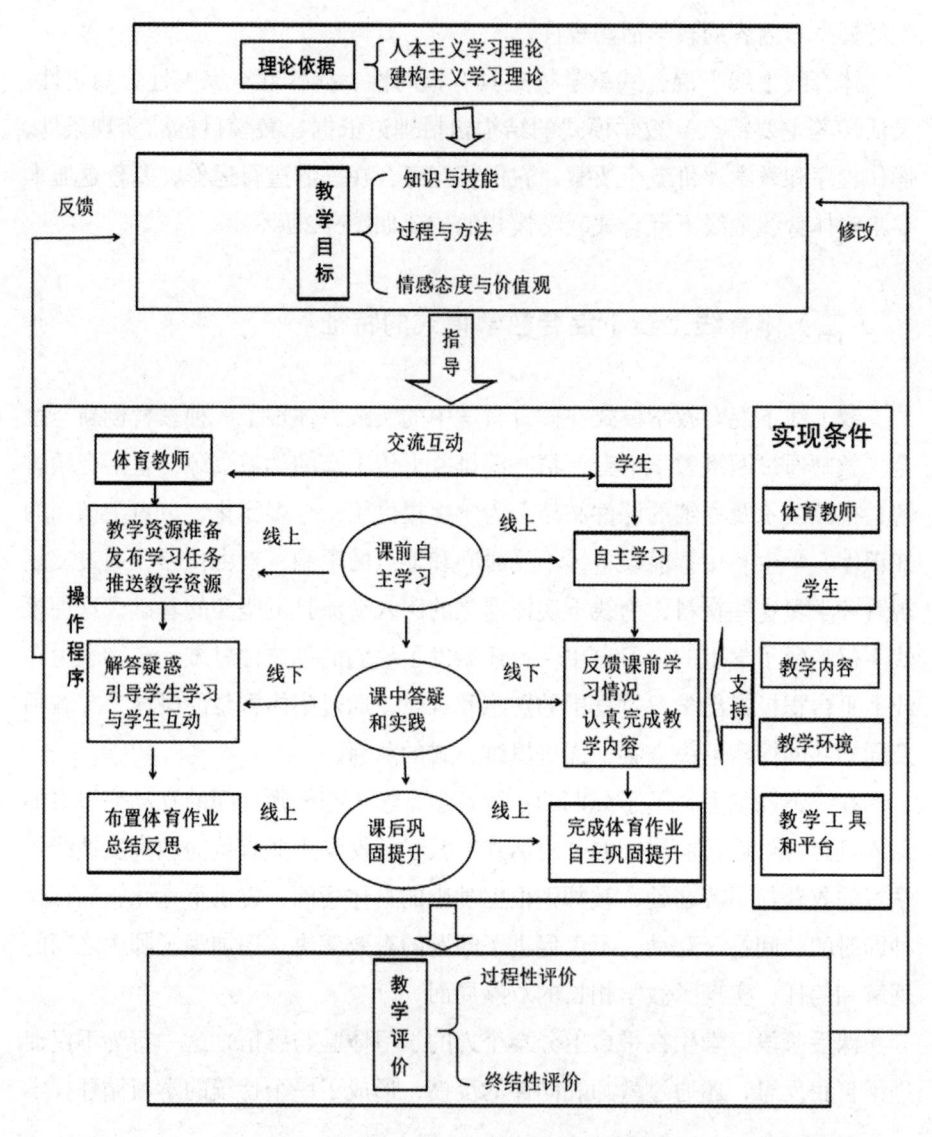

图6-2 体育线上线下混合式教学模式[1]

---

[1] 冯川. 初中体育线上线下混合式教学模式研究[D]. 阜阳：阜阳师范大学，2022：16.

(三)体育线上线下混合教学模式的作用

随着计算机科技的进步及互联网终端的广泛普及,信息网络化已成为当今社会不可或缺的发展驱动力,教育领域亦不例外。在线体育教学正致力于实现现代信息技术的全面融合与交互,力求成为教育创新的前沿阵地。在数字时代,掌握互联网技术不仅是个人发展的敲门砖,更是高校体育教育革新升级的必然路径。通过巧妙融合互联网技术,高校体育课程不仅内容更加丰富多元,也极大地提升了学生的学习兴趣,为混合式教学模式的繁荣发展铺平道路,使其成为跨越时空限制、实现灵活学习的新常态。

线上线下相结合的教学模式如同一把钥匙,解锁了体育学习的无限可能。它不仅极大地扩充了课程资源库,使学生可以根据个人兴趣和需求,灵活选择学习内容,还能精准对接学生在不同学习阶段的个性化需求,真正做到了"因材施教"。面对体育理论知识的复杂性,学生若缺乏足够的认知深度,往往难以把握其精髓。因此,体育教师应当结合教学实际,创造性地运用线上线下混合教学模式,循序渐进地设计教学内容,从基础知识入手,逐步深入,通过推送图文并茂、解说清晰的理论资料,不仅增强了学生对理论知识的理解力,也极大地激发了他们的学习兴趣,为理论与实践的结合打下坚实基础。

此外,线上体育课程的兴起,不仅颠覆了传统的教学格局,更在培养学生终身体育观念、提升学生体质健康水平方面展现出不可估量的价值。它通过提供灵活多样的学习资源和互动平台,鼓励学生自主探索,培养主动学习的习惯,为学生构建起健康生活的坚固基石。

二、高校网球线上线下混合教学模式构建的理论基础

(一)关联主义理论

1.理论概述

关联主义,这一由乔治·西蒙斯提出的理论,紧密贴合了网络时代的发

现代多元教育理念引领下高校网球教学的优化改革研究

展脉络。它强调,在数字化学习的新纪元里,知识不再是孤立的岛屿,而是构成了错综复杂的网络中的各个节点。学习的本质,被重新定义为一个动态的过程,即个体通过重组这些节点,并构建它们之间的高效连接来编织个人的知识网络。这一过程涵盖了学习者内在知识结构与外在信息源的交互融合,以及在网络环境中彼此的相互作用与影响。构建一个高效的新知识网络,离不开现有网络中广泛知识资源的挖掘,以及学习者之间通过互动交流促进的认知链接。该理论认同世间万物处于普遍联系之中的哲学观,知识自然也嵌入这庞大而复杂的关系网中。关联主义的核心主张在于,唯有通过建立和优化知识间的连接,学习者方能灵活调用知识网络,应对实际挑战。面对传统教学模式的局限性,应积极在混合式教学实践中探索创新路径。这意味着要充分利用在线教育资源的丰富多样性,强化师生在虚拟空间中的沟通与协作,共同搭建起一个充满活力且高效的知识互联体系。①

2.理论启示

(1)知识是具有关联性的网络整体

在关联主义理论的引领下,网球教师应该在线上线下一体化教学中提供连贯、层次分明的知识内容,循序渐进地从基础知识过渡到复杂概念,确保知识结构逻辑清晰,帮助学生构筑全面的网球知识蓝图。混合式教学法恰如其分地融合线上与线下教学精华,通过串联教育环节与多样化资源,增强学习体验。此模式强调在学习过程中将学生内在认知与外界信息相连接,激发他们在混合学习情境中的深度参与,促进知识的有效建构与应用。

(2)关注个体及群体的互动与知识共享

依托线上平台的混合式教学模式,为学习者开辟了获取多元化学习材料的广阔天地,使得同伴间及师生间的即时互动成为可能,有效促进了学习网络的高效构建。在此模式下,学生的网球学习始于个人通过自主探索积累知识,逐步搭建个性化知识架构。随后,通过小组讨论、思想碰撞及成果展示等互动环节,学生不仅分享各自的智慧成果,还借力集体的智慧提升,促使个人知识网络得以扩充与巩固。

---

① 许欣. 基于混合式学习的课程设计与实践[D]. 银川:宁夏大学,2018:22.

（二）建构主义学习理论

1.理论概述

建构主义学习理论源自皮亚杰，并在多位学者的深入研究中逐渐成熟和完善。该理论核心在于"意义建构"，强调学习是个体运用既有知识基础，主动探索新知识内在规律和特性，通过这一过程洞察新旧知识间的内在联系与共通规律，进而实现个人知识结构的重构与优化。意义建构并非知识的直接传递或灌输，而是学习者在具体情境中，通过与环境的积极互动，辅以多种媒介和工具，主动寻求和创造意义的过程。建构主义教学模型围绕情境、协作、会话和意义建构四个关键要素构建。学习活动应当置于真实或模拟的情境中，鼓励学生间的协作交流，通过富有成效的对话深化理解，最终促进每位学习者在互动与反思中独立构建个性化知识体系，体现了学习的主动性和情境相关性。

2.理论启示

建构主义教学理论倡导激发学生的主观能动性，强调依据学生既有的经验基础定制教学方案。网球教师应充分利用教学平台的资源共享功能，设计丰富多彩的网球协作学习活动和小组讨论，以此途径促进知识的主动获取。这种教学模式提升了教学的灵活性、效率与多样性，融入了多样化的教育技术与方法。教师尤其要强调小组合作的力量，以及学习情境的真实性与资源在意义建构过程的关键作用，精心打造有利于学习者探索与互动的网球教学环境。这些特点与混合式教学模式不谋而合，两者均倡导结合线上与线下资源，通过合作学习、情境模拟及策略性资源运用，共同促进学生深层次理解和知识结构的个性化构建，体现了现代教育技术与先进教学理念的契合。

（三）混合式学习理论

1.理论概述

混合式学习理论作为一种综合性教学策略，旨在适应不同学习者的知识

现代多元教育理念引领下高校网球教学的优化改革研究

背景、学习目标及可用资源差异，其根源可追溯至西方教育界，并在中国经历了一番本土化的调整与创新。该理论伴随着计算机技术与信息技术的蓬勃发展而兴起，其应用范围的扩大促使学术界对其内在机制进行了更深层次的探讨。混合式学习不仅整合了多种教育理论的精髓，而且以优化学习成效为目标，被视为推动高等教育转型的重要催化剂。

国内外教育学者在探讨混合式教学时，均注重根据实际情况灵活整合教学策略、方法、教育资源和技术手段，力求通过优化配置师资、技术工具、媒介内容等，精准实现教育目标。这一模式强调因材施教，通过多样化教学方式的巧妙搭配，满足学生个性化学习需求，使学习过程更加高效且具有针对性。更有观点指出，广义上的混合学习展现了无限的教育创新潜力，这一观点已被国际教育技术领域广泛接纳。它主张结合传统面授教学的深度与网络化教学的广度，既发挥教师的指导作用，又激发学生的学习主动性，实现教学互动的即时性与趣味性，以及评价反馈的全面性和即时性。

混合式学习模式以在线学习为重要支点，着重培育学习者的主动探索、团队协作和深入研究的能力，紧密贴合了当代学习者追求个性化与高效率的诉求。通过促进面对面交流与数字平台的无缝对接，不仅加强了师生间的即时互动，还调整了教学节奏以适应不同学习者的进度，从而确保教学活动的高效与成果的显著。

2.理论启示

线上线下融合的混合式教学模式，通过提供丰富的录播资料作为学习资源，并以先进的线上教学平台为载体，不仅支持学生在课前自主预习及课后深化理解，还赋予他们自由选择学习材料的权利，保证了与教师沟通交流的便利性与即时性。这样的设计极大地增强了学生与学生之间、学生与教师之间的互动频次与质量，为达成更好的教学效果奠定了坚实基础。教学方式与学习资源的多样化与个性化配置，进一步凸显教学成果的显著提升。

随着社会向信息化时代的不断迈进，网络技术和信息化的飞速发展为混合学习理论的积累与深化创造了前所未有的条件。这一理论日益成为体育教学以及其他各学科领域推行混合式教学实践与研究的强大理论支柱。它不仅促进了教育模式的创新，还通过技术与教育的深度融合，为满足不同学习者的需求、提升教学质量与效率开辟了新的路径。

三、高校网球线上线下混合教学模式的实施

（一）教学准备

教学准备作为教学活动的启航阶段，其重要性不言而喻，对教学过程与最终成效具有非常重要的影响。

1.线上教学准备

在线上教学的准备阶段，首要任务是将翔实的教学计划、教学大纲、教学日历及学习须知等核心资料上传至线上平台，确保学生在课程开始前就能清晰地了解到学习的方向与课程的具体要求。针对网球课程，通过预先分享，帮助学生建立起课程的基本框架，明确学习内容与路径。教师需依据学生特性精心设计每一教学环节，有效整合各类在线学习资源，打造出既高效又富有成效的教学策略。

2.线下教学准备

线下教学的筹备，涉及细致规划课程日程、编写教学日志及教案，同时确保教学设施、运动器材及训练场地等硬件的完备，为学生创建一个有序、专业的学习环境。通过线下准备，学生可以提前知晓课程安排、学习目标及课堂规则，为高效学习知识与技能奠定基础。

（二）课前部分

1.线上课前教学

（1）教师活动

①教学资源设计

教师需依据课程内容的逻辑结构，认真设计并挑选高质量的网球教学视

频及辅助资料。这些资源需涵盖技术动作的详细解析、实践演示及理论概述，随后上传至教学平台指定区域。平台将实时监控每位学生的学习进展，自动生成学习报告，直观反映学生观看视频、阅读资料的时间分布及掌握程度，为教师提供即时的学生学习状况反馈。

②发布课前预习任务

参考网球课程教学大纲及班级实际情况，教师需周密安排课前预习任务，确保任务既有针对性又符合学生的学习节奏。任务发布时，需清晰标注每章节的重点、难点及基本学习要求，引导学生分步骤、有条理地进行自我学习。采用"即发、即馈、即评"的模式，一旦任务下达，平台随即跟踪学习动态，及时给予学生必要的指导与评价，确保学习效率与质量并进。

③上传教学视频、PPT和题库

为满足线上学习需求，教师需上传精心制作的教学视频，每段视频控制在10分钟以内，专注于一个具体技术点的深度剖析与标准示范。此外，配套上传精编PPT，用以阐述理论框架与技术要领，以及丰富的课程资料包，包含高清动作分解图、技术说明文档等，便于学生多维度吸收知识。构建题库是另一关键环节，不仅包括每章节的巩固测试，还有覆盖整个单元的综合评估，确保学生在学习过程中不断检验知识掌握情况，及时查漏补缺。

（2）学生活动

在课程启幕之前，学生的关键行动围绕在线平台展开，积极响应教师规划的预习路径，主动深化对网球课程的理解。

①接收预习任务通知

学生密切关注平台通知，一旦接收到教师发布的预习任务，应立即行动，根据个人日程合理规划学习时间。这一阶段，学生需沉浸在教师精选的教学视频与配套资料中，初步探索网球技术的基本架构与理论根基。通过视频观摩、资料研读及参与在线讨论，学生可自我评估学习成效，而教师端则会以翔实的数据反馈每位学生的预习进度，每一知识点的掌握情况将以观看百分比直观展示。

②完成课前视频学习与检测题

仔细观看教师上传的系列教学视频，这些视频从多角度解析网球技术动作，如挥拍轨迹的细腻展示、脚步移动的精准示范、击球时机的微妙把握，乃至球场预判的智慧启迪，全方位构建起准确的动作概念。同时，理论课程也不容忽视，它涵盖了竞赛规则的精讲、计分方式的解析、专业英语术语的学习，以及实战中的单双打策略布局，为学生勾勒出网球世界的全貌。

完成视频学习之后，学生需挑战章节测试题，题目设计兼顾单选、多选及简答题型，旨在全面检测学生对视频教学内容的理解深度与应用能力。这不仅是对知识的一次系统回顾，也是自我提升的重要环节。

2.线下课前教学

（1）教师活动

第一，教师需细致审阅学生线上提交的作业与互动反馈，系统性地归纳存在的共性问题与个性疑惑，预先构思解决策略。这一步骤有助于教师在接下来的线下教学中有的放矢，高效解答学生疑问。

第二，基于线上学习反馈，教师应明确发布线下课前的预习任务，引导学生针对即将学习的内容进行预览与思考，鼓励学生提出新的问题或深化已有的疑惑，为课堂讨论做准备。

第三，教师应充分准备教材、教案及相关教学器材，确保线下课堂内容丰富、互动性强且实践操作无障碍。教案设计应结合线上学习成果，调整教学难度与重点，确保线下教学的连续性和深入性。

（2）学生活动

第一，学生需主动回顾线上学习过程中遇到的难点与不解之处，对这些问题进行整理和归纳，形成问题清单。这种"带问题学习"的态度有助于学生在接下来的线下课程中，更加有针对性地聆听讲解与参与讨论。

第二，按照教师发布的线下课前预习要求，学生应仔细阅读教材相关章节，理解教案中的关键点，并尝试预演使用器材进行实践操作，为线下实践环节做好准备。通过这样的预习，学生可以提前熟悉网球新知识，提高课堂学习的效率与深度。

第三，学生在预习过程中，如果发现新的问题或对某些概念有了更深的理解，应记录下来，准备在课堂上与教师和同学分享。同时，根据预习内容，学生应提前准备好个人学习用品与必要的器材，以确保线下课程的顺利进行。

（三）课中部分

1.线上课中教学

（1）教师活动

在网球线上课中教学阶段，教师先对学生课前学习成果进行快速检测，这一步旨在评估学生对预习内容的掌握程度，明确学习状态。接着，教师依据精心准备的课件，详细解析本次课程的核心知识点与难点，确保讲解既深入浅出又贴近学生实际理解水平。在讲解过程中，教师需高度敏感于学生的即时反馈，迅速响应疑问，进行一对一或集体解答，实现教学互动的无缝衔接。教师还需积极接纳学生的课程反馈，适时调整教学策略，同时，注重情感交流，通过鼓励与肯定，增强学生的参与感与学习动力，营造积极向上的学习氛围。

（2）学生活动

学生在课中环节，首先通过视频或文字形式展示课前自学成果，如技术动作模拟、理论概念复述等，以此作为学习成效的初步汇报。随后，紧跟教师的线上讲解，学生需主动将新接收的信息与自己的预习理解进行对比整合，深化对课程内容的理解，加速知识的内化过程。课程接近尾声时，学生应自我梳理本次课程要点，主动提出尚未明晰的问题，通过班级讨论区或直接连线教师的方式，与其他同学或教师共同探讨，解决疑惑。这一系列互动不仅促进了知识的巩固，也锻炼了学生的批判性思维与沟通能力。

2.线下课中教学

在网球混合式教学的线下实践环节，教学活动沿袭并优化了传统课堂教学的结构，细分为准备、基本及结束三个部分，旨在通过线下互动深度强化线上学习成果。

（1）教师活动

①准备部分

教师提前到达教室，完成课堂环境的布置，确保教学器材充足且场地适宜。同时，带领学生进行热身活动，为接下来的技术训练做好身心准备，这一环节与传统课堂的准备活动相似，旨在激发学生的积极性和专注度。

第六章 "互联网+教育"理念下高校网球教学优化及网络平台应用

②基本部分

第一，重难点定位与教学设计。基于对教材的深入理解、对教学场地与器材的充分利用，以及对学生线上学习反馈的综合分析，教师需敏锐识别出学生在技术掌握上的共性难题与个性差异，据此精确定位本课教学的重难点。随后，围绕这些关键点设计教学流程，确保教学活动有的放矢。

第二，分组合作与技能强化。为巩固和深化技术动作，教师组织学生进行分组合作练习，鼓励学生在小组内相互观察、指导与反馈，同时教师穿梭于各组间，实时观察学生表现，针对发现的技术偏差及时进行个别指导与纠正。

第三，实践检验与交流竞赛：通过组织小组间的友谊赛或技术挑战，为学生提供实战演练机会，让学生在比赛中检验学习成果，提升对技术动作的熟练度和实战应用能力。

③结束部分

课程结束之际，教师需进行教学反思，总结课堂亮点与待改进之处，根据学生在课堂上的具体表现和掌握情况，精心设计并布置针对性的课后作业，以期通过课后的自主练习进一步巩固课堂所学。

（2）学生活动

①准备部分

学生应积极响应教师的指令，认真完成课前的准备活动，包括身体热身和心理准备，确保以最佳状态进入技术学习。

②基本部分

根据教师提出的教学重难点，学生需集中注意力，积极参与技术动作的模仿与练习，努力克服个人学习障碍。在分组练习中，学生不仅要专注于个人技能的提升，还要积极参与小组内的互动与交流，通过观察同伴、接受反馈和提供帮助，加深对技术动作的理解和掌握。通过参与小组间的比赛或技术展示，学生应自我评估技术掌握情况，同时从对手的表现中学习，通过竞争与合作的双重体验，实现技能的内化与提升。

③结束部分

课程结束后，学生要根据教师的指导，认真完成课后作业，完成对课堂学习的回顾与巩固。

（四）课后部分

1.线上课后教学

（1）教师活动

①线上布置课后作业

教师利用线上平台布置具有针对性的课后作业，作为巩固与反馈的重要一环，确保学生能够有效复习并深入理解最近学习的网球技能和理论知识。作业设计旨在通过重复练习加强技术动作记忆，同时，平台的实时监控功能帮助教师监督学习进度，及时调整教学策略。

②批改预习作业，发现问题

细致批阅学生上传的预习视频作业，精确识别学生在预习阶段存在的问题和弱点。基于这些反馈，教师可个性化地为学生提供强化训练建议，针对性地解决学生的学习难点，促进技能均衡发展。

③发布拓展资源

利用线上教学平台的无限资源潜力，教师推送多样化的拓展材料，包括高级技术解析视频、图文教程等，这些资源超越传统教材的界限，鼓励学生根据个人兴趣和技能水平自我探索，促进个性化技能风格的形成，满足不同学习者的需求。

（2）学生活动

①提交视频作业，展现学习成果

学生按照教师的课后要求，录制并上传个人技术动作的视频作业，这不仅是一种自我展示，更是教师评估学生学习成效的直接途径，帮助教师了解学生对课程内容的实际掌握情况。

②视频对比，自我诊断与改进

通过观看教学视频与自己练习视频的对比，学生能直观地发现动作上的差异与不足，从而进行自我反思，这种视觉反馈机制加速了正确技术动作的内化过程，有效提升了技能掌握的速度与质量。在技术练习阶段，学生无法通过本体感觉感知自己的技术动作，因此利用线上教学平台上传自身技术动作，通过对比教学视频，来反思自身的不足之处，加快正确动作技能的

第六章 "互联网+教育"理念下高校网球教学优化及网络平台应用

形成。

③主动探索,利用拓展资源提升

学生积极浏览教师提供的拓展资源,根据个人技能水平和兴趣选择性学习,这种自主学习模式鼓励学生走出舒适区,探索更多高级技能或理论知识,拓宽视野。

2.线下课后教学

(1)教师活动

①巩固技术动作

每堂课末,教师依据课堂观察和学生表现,布置有针对性的家庭作业,如"正手击球挥拍练习20次",确保每位学生都能将课堂所学技能进行充分实践。这样的作业设计既考虑了课程内容的延续性,也兼顾了学生个体能力的差异性,旨在通过反复练习巩固技术动作。

②巩固理论知识点

为了加强理论知识的掌握,教师利用线上平台发布作业通知,明确要求学生在规定时间内完成特定章节的学习任务。作业内容不仅包括封闭性问题如单选、多选和判断题,以检验基础认知,还融入开放性题目,鼓励学生深入思考并讨论。通过不超过10道精心设计的测试题,教师既能评估线上学习成效,也能激发学生探究欲望。

③点评作业

教师细致查看每一位学生的视频作业,针对不规范或错误的技术动作,提供具体反馈与改进建议,同时不忘给予正面鼓励,以增强学生的自信心。这一过程不仅帮助学生纠正动作,更培养了他们自我发现错误与解决问题的能力。

④知识点在线答疑

针对课前预习或课后复习中遇到的难题,教师鼓励学生在班级线上群组内提问或互相讨论,形成学习互助的氛围。同时,利用教学平台的讨论区,师生共同参与问题解答,形成知识交流的闭环,促进知识点的螺旋式深化。

⑤学习数据的监控与督导

利用线上平台的智能分析工具,教师可实时监测学生的学习进度、视频观看时长等数据，通过人脸识别等技术手段确保学习过程的真实有效。基于这些数据，教师能精准识别学生在理论知识与实践技能上的薄弱点，及时在后续课堂中进行强化训练。通过这种精细化的管理与个性化指导，有效提升学习干预的针对性，将学习成效最大化。

（2）学生活动

①提交实践课视频作业

学生依据教师课后布置的实践任务，以小组形式合作录制网球技术动作视频，通过超星学习通平台提交作业。在观看教学视频与自我视频的对比分析中，学生能初步识别技术偏差，结合教师的个性化反馈，参与线上讨论，深入理解错误根源，这一过程不仅加深了肌肉记忆，还促进了对技术动作更深层次的理解，有效提升动作精准度，为建立稳定的技术动作模式打下坚实基础。

②对比分析，纠正练习

学生主动将个人技术动作与教学视频进行对比，利用视觉反馈机制，直观识别并分析技术缺陷，采取针对性措施进行纠正练习。这种自我诊断与调整的方法，极大提高了技术改进的效率，确保每一次练习都向着更高标准迈进。

③在线讨论、提问

遇到学习瓶颈时，学生积极利用线上班级群或课程讨论区提出问题，通过与同学的互动交流或师生共同参与的讨论，主动探索解决方案。这种互动式学习方式，不仅解决了个体疑惑，还促进了知识与技能的循环深化，使学习过程成为一个不断发现、思考与解决问题的动态循环，推动学习成效螺旋式上升，实现技能与认知的双重提升。

第七章 高校网球技战术教学与效果优化研究

  高校网球实践教学以网球技术和网球战术为主要教学内容,教师要采用示范和讲解相结合的方式向学生传授网球技术的动作要领,使学生充分了解各项技术的动作结构,正确掌握动作要领,能够熟练击球。在此基础上,教师要通过组织比赛、实战练习等方式传授网球战术方式和运用技巧,使学生能够熟练而灵活地发挥各项技术的作用,提高实战能力。网球技术教学与战术教学往往密不可分,在教学过程中应根据实际需要将二者结合起来,并通过教学方法与手段的创新来优化实践课教学效果,提升学生的网球技战术能力。本章主要对高校网球技战术教学与效果优化展开研究,首先详细分析网球技术与战术的教学内容与方法,然后探讨高校网球技战术教学效果的优化与提升策略。

第一节　高校网球技术教学指导

一、不同类型网球技术的教学方法

（一）简单技术的教学

在网球教学领域，所谓简单技术是指那些通过较少训练即可掌握的基本技能，大约有80%的技术动作能够通过直观学习并迅速掌握。这些技术对于初学者来说是入门的基石，其难易程度是相对于学习者的适应性和学习速度而言的。当一项技术能够被初学者迅速且轻松地学会时，它就被界定为简单技术。反之，即使技术本身结构不复杂，但因个人原因难以掌握，则被视为复杂技术。特别地，某些看似简单的技术，如网前截击，可能因学生的紧张和恐惧感而变得难以学习。在教学过程中，如果难以界定技术的难易等级，则应谨慎对待，采取更细致的教学策略，以复杂技术的教学标准来指导。

在教授这些简单技术时，采用以下教学策略尤为有效：

1.模仿

这是一种直观且高效的学习方式，学生通过观察并模仿教师或示范者的动作来学习。教师需使用明确的指示如"观察这个动作，尝试模仿"，并及时给予正面反馈："很好，你做得对，继续保持并多加练习。"对于需要微调的地方，教师应明确指出，并适时将这部分内容归类为更细致的教学单元进行处理。

2.综合教学法（讲解—示范—练习—纠正）

（1）讲解与示范结合。首先，教师应清晰、详细地讲解技术要点，并在讲解的同时进行示范，确保学生能从理论上理解并在视觉上感知动作要领。

（2）学生自主练习。给予学生充分的练习时间，教师在此期间应细心观察，发现学生各自的优点和普遍存在的错误。

第七章　高校网球技战术教学与效果优化研究

（3）实时反馈与纠正。在学生练习时，教师应及时介入，提供具体指导，必要时可暂停练习，强调正确的动作模式，提出针对性的改进建议。

（4）持续纠正与巩固。通过反复纠正与练习，帮助学生逐步克服错误，直到能够稳定地掌握技术动作。

（二）复杂技术的教学

在网球教学中，复杂技术的传授要求教师具备高度的教学技巧和创新能力，以适应学生在掌握过程中遇到的特殊挑战。针对这些技术，连锁法与塑造法是两种常用且高效的策略，旨在将看似复杂的动作分解为学生易于消化的部分，进而促进其全面掌握。

1.连锁法

连锁法的核心在于将复杂技术分解为若干个简单技术环节，通过逐一教学后再串联整合，形成完整的技能链条。该方法强调早期将各部分技术相结合进行练习的重要性，即使在技术分解学习的阶段，也应该确保学生能够意识到各部分如何协同工作，以实现最终的完整技术表现。随着学生对各环节的熟练掌握，逐步减少分解练习，增加整体技术的练习比例，直至学生能流畅地完成整个技术。

2.塑造法

塑造法更像是一种精细化的雕塑过程，教师通过逐步引导，逐步帮助学生构建技术动作。这一过程从示范和详细讲解开始，随后将技术简化至学生当前能力可及的水平进行教学。随着学生能力的提升，教师逐步提高任务难度，通过不断练习和调整，逐步逼近技术动作的成熟形态。在这个过程中，学生的每次尝试可能并不完美，但正是这些尝试逐步塑造了技术的轮廓，直至达到理想的技能水平。教师的鼓励和支持在此过程中尤为关键，能够有效提升自信心和学习动力。

以上两种方法虽各有侧重，但都强调了循序渐进的教学原则，以及对技术细节的关注与调整。在实际应用中，教师应根据学生的具体学习情况灵活选择或结合使用这两种方法。对于一些特殊案例，教师的实践经验将是决定教学方法有效性的重要因素，而通常，遵循从简单到复杂、逐步深化的教学逻辑，能够适应大多数学生的学习规律和需求，促进其技能的稳固提升。

二、网球技术动作要领教学指导

（一）发球技术

1.准备动作

双脚分开，与肩同宽，侧身站立，确保左肩对准左侧网柱，身体朝向右侧网柱。调整站位，使前脚与底线形成大约45°，脚尖指向右侧网柱，身体顺势前倾。此时，左脚承担主要体重，维持平衡。左手持球与球拍轻轻贴于腰间，拍面准备就绪，保持自然呼吸节奏，全神贯注，准备迎接来球。

2.抛球动作

完成准备姿势后，紧接着协同进行抛球与后摆拉拍的动作。在向后下方引拍时，持球手的肘部应自然伸直，并且贴近同侧大腿。与此同时，球拍以宽阔的弧线向头顶上方拉动，这个过程中伴随着身体的转动、膝盖的弯曲以及肩膀的后仰。随后，持球侧的手臂沿着身前，直至左脚前方平直伸出，并继续上举超越头顶，确保手臂完全舒展后抛球。

3.挥拍击球

挥拍击球的动作要领如下。

（1）后摆球拍

抛球的刹那，髋部与上半身协调地向握拍手那一侧转动，与此同时，握拍手放松自然地下垂，贴近身体侧面，手掌朝向身体内部，引导球拍顺畅地移到背后位置。当球拍上升至适当高度时，确保大臂与身体侧面保留一个适度的间隔，为接下来的击球动作创造空间与动力。

（2）背弓动作

球拍顺势向上挥动，整个手臂保持松弛状态。小臂、手腕以及拍头依序

第七章 高校网球技战术教学与效果优化研究

以肘部为支点，自然垂向身后，这样的动作轨迹勾勒出一个流畅的环形路径。此刻，身体前侧的髋部略微向前推送，双腿则适度弯曲，整个身形如同拉满的弓弦，展现出蓄势待发的"弓"形姿态。

（3）击球

当球恰好降至理想的击球位置时，腿部强力向后蹬地，膝盖迅速伸直，伴随着髋部与肩部的急速旋转，原先弯曲的身体像解除束缚的弓一样猛地弹开。利用肘部为支点，手臂自下而上加速旋内，带动整个手臂与躯干充分伸展，向着空中球猛地挥拍一击。触球的刹那，手腕敏捷翻转，小臂向外旋动，拍面略向内扣，这样形成的快速"鞭打"动作极大增加了击球的力度与控制性。击球完毕，球拍顺势收回到身体左侧。整个击球过程中，身体向上挺拔，肩部与手臂的回转确保了在击球瞬间，双肩与球网保持平行。核心在于利用小臂的旋内动作增强击球的鞭打效应。

4.随挥动作

击球之后，身体顺势向场地内侧倾斜，流畅地完成一个向前上方延伸的随挥动作。借由击球产生的惯性，自然而然地进行收腹、转肩以及肘部的弯曲，将球拍沿着身体的曲线导向非持拍手一侧的体侧。在这个过程中，要注意调节身体重心，确保动作的连贯性和平衡性，为下一拍的准备动作奠定良好基础。

完整的发球技术如图7-1所示。

1　　2　　3　　4　　5　　6　　7　　8

图7-1　发球技术

（二）击球技术

下面以反手击球为例来分析网球击球技术的动作要领。

1. 准备姿势

右手紧握球拍柄，左手辅助扶持于拍颈处，确保拍面垂直于地面，拍头指向对手方向。集中注意力观察对手的来球动态，根据球的飞行路线和速度，适时调整个人的站位和身体姿态，为有效击球做足准备。对于网球初学者而言，采用左手扶持拍颈的姿势尤为重要，这样做不仅能够有效减轻右手的疲劳感，还极为有利于在击球前快速变换握拍方式，以及顺畅地进行向后转肩与拉拍的动作。

2. 后摆引拍

面对对手发往反手区域的来球，左手在稳固拍颈的同时，敏捷协助右手转换至反手握拍姿势。转换握拍的瞬间，肩部与髋部协同向左侧转动，同步将球拍引导向左后方，此过程中肘部自然弯曲，让拍头轻扬，指向后方高位。右脚随即向左侧前方跨出，确保右肩背对球网，而左脚成为稳定身体重心的支柱。相较于正手击球，反手击球的后摆启动需略提前，强调动作的连贯与身体各部位的协调一致。左手持续扶在拍颈上，直至挥拍击球的那一刻，这样有助于更好地控制拍面角度与击球力度，确保反手击球动作的流畅执行。

3. 挥拍击球

从后方向前上方挥动球拍时，注意保持手臂的适度弯曲，避免在随挥动作完成前过早伸直。理想的击球点设定在右脚左侧前方的位置，确保球拍与右脚沿线对齐。击球的高度适宜控制在膝盖上方至腰部以下区间，这样的位置便于发挥出最大的击球威力。接触球的瞬间，手腕应保持紧绷，确保拍面与地面垂直，精准打击球的中心部分，这是产生稳定且有力击球效果的关键。

与此同时，通过腰部与肩部的协调转动，以及身体重心的灵活调整——主要集中在右脚上来实现击球的动态平衡与力量传导。

第七章　高校网球技战术教学与效果优化研究

4.随挥跟进

完成击球后，跟随球的轨迹自然地将球拍顺势向前挥送，直至球拍高过右肩并且朝向前方达到最高点时止住。此时，左手微微上提以帮助身体维持平衡，同时身体转向球网方向，为下一次击球迅速恢复到预备姿势。

完整的单、双手反手击球动作分别如图7-2和图7-3所示。

图7-2　单手反手击球

图7-3　双手反手击球

（三）截击球技术

1.准备姿势

准备进行截击时，间距与肩同宽，身体重心轻微前倾。两脚的后跟略微抬起，主要是依靠前脚掌来稳稳支撑全身重量，这样的站姿有助于快速响应和移动。双手紧握球拍置于身前，拍面竖直向上，拍头的高度大致与眼睛持平，双臂自然伸出，但保持一定的弯度，左肘略高于右肘，这样的姿势有助于更好地控制拍面并快速引拍。目光集中于对手的动作。

2. 引拍

在进行拉拍动作时，应控制动作幅度，避免过分夸张，确保拍头起初不超过耳朵的高度，而挥拍过程中的最高点则保持在鼻子之下。手腕应略微抬起，维持拍头位置高于手腕的状态，以便更好地控制拍面角度。与此同时，伴随着肩部与髋部的协调转动，上臂被引导着将球拍自然引至身体侧边。在引拍的初始阶段，肘部成为引导动作的关键，它先于小臂和球拍开始后拉，肘关节与身体侧边保持一定距离，屈肘角度较小。

3. 挥拍击球

在击球过程中，确保肩关节保持稳定，利用肘关节作为转动中心，驱动球拍向前方平滑转动并实施击球。此时，腕关节需保持一定的紧绷状态，确保手掌、球拍面与来球几乎位于同一平面直线上。在触球的刹那，可以自然地屏住呼吸，以帮助身体集中力量并实现更精确的击球控制。击球动作本身应迅速而精确，时间非常短暂。理想的击球点应设定在身体前方，大致与眼睛齐平的高度，这样，有利于实现对球的充分控制和有力回击。若击球点过于靠后，则可能导致回球无力，类似"挡球"；相反，如果击球点过于靠前，可能会使球下网或因身体调整不当而失去平衡。根据所选击球点和预期的落点位置灵活微调拍面的倾斜角度。同时，根据实际情况快速调整站位和采用合适的步法。

4. 随挥动作

击球之后的随挥动作应当简洁高效，幅度不需要过大，这样可以保证动作的连贯性和身体的平衡。身体重心只需做适当的转移调整，不需要过多改变位置，这样有助于快速复位，为下一次击球做好准备。

完整的正、反手截击球动作分别如图7-4和图7-5所示。

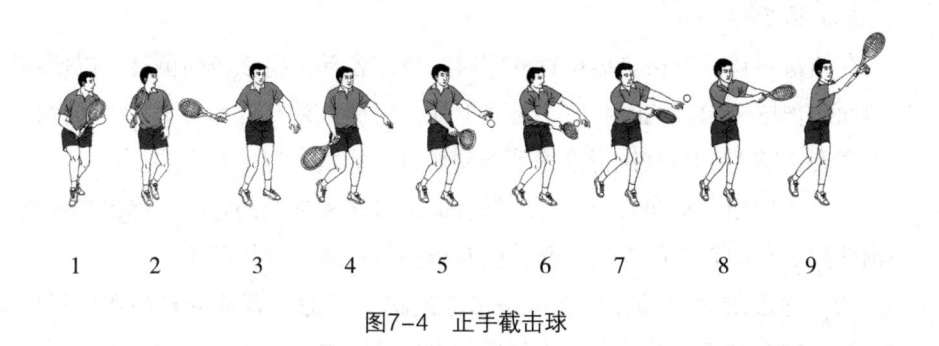

第七章　高校网球技战术教学与效果优化研究

图7-4　正手截击球

图7-5　反手截击球

（四）高压球技术

1.准备姿势

在准备打高压球时，可以借鉴发球的准备姿势。但是，如果在网前既要准备截击，同时也要警觉对方可能的挑高球，就需要具备高度的警惕性和灵活的脚步移动能力。一旦发现对方挑出高球，立即做出反应，首先是迅速转身，面向来球方向。紧接着，采用短促的垫步作为启动，随后根据球的具体落点位置，灵活运用侧滑步或交叉步向后撤退，这些步伐能够确保在后退中保持对球的持续追踪。在整个后退过程中，眼睛应持续注视来球，以准确判断球的飞行轨迹。

2.球拍后摆

在调整步伐并变换击球位置的同时,身体各部位应该协同侧转,以便更好地面向来球方向。此时,右手迅速上提,肘部大致与肩部齐平,拍头保持向上姿态(图7-6)。在执行这一系列动作时,要留意以下两个要点:

(1)非持拍手指向来球:这样做有助于身体和视线的定向,确保身体的协调性和对来球轨迹的准确判断,同时也能帮助维持身体平衡。

(2)适度的背弓动作:在准备击球的瞬间,通过背部的轻微弯曲形成"背弓",这有助于存储能量并为随后的击球动作提供更大力量。

图7-6 球拍后摆

3.挥拍击球

选择合适的击球点是至关重要的一步,之后迅速移动到正确位置,为击球做好充分准备。在这一过程中,尽量伸展手臂,以便在最佳时机用球拍的中心或后部有力地挥击来球。这种发力模式和感受类似于发球,但更注重的是确保回球能安全过网,同时追求站位的前移,以增加击球的力度,这样能够回击出更具威胁性的球。在挥拍达到击球点的瞬间,身体的转体动作应已完成。挥拍时,想象手臂像是先向后"搔背"再向前迎击来球,这样能帮助积累动能,并在转腕的瞬间释放,形成类似鞭打的效果,大大增强击球的威力。

当站位与球网之间的距离较远且击球点偏后时,手腕的"旋内"动作变得非常重要，它有助于调整击球的角度，确保击球的准确性。而在处理高压球时，重点应放在直接的力量传递和精准的角度控制上，而非过分追求球的旋转效果。

4.随挥动作

击球完毕后，将球拍顺畅地带到非持拍手一侧的腿旁，这有助于保持身体平衡，并为下一次击球做好准备。准确选择击球点对于完成一个连贯而有效的随挥至关重要。如果击球点过于靠近身体后方，不仅难以充分发力，还会限制随挥动作的展开，往往导致只能依赖手腕的扣动或旋转来弥补，这种情况下，就需要依赖较强的腰腹部力量以及细腻的手腕控制技巧。对于大学生而言，这样的技术要求提示他们在日常训练中要加强腰腹核心肌群的锻炼，同时也要注重手腕力量与灵活性的增强。初学者在尝试这类技术时，应当循序渐进，先从基础动作练起，逐步增加难度。

（五）挑高球技术

下面以进攻性挑高球技术为例来分析动作要领。

1.准备姿势

全神贯注，精确评估球的飞行轨迹以及对手当前位置和移动趋向，据此迅速而精准地调整自身位置，确保身体侧向球网，维持一个既能快速响应又稳定的站姿。核心力量发挥作用，保持身体均衡，为接下来的击球动作打下坚实的基础。

2.后摆引拍

后摆引拍时，增加手腕向后的弯曲程度，这样能够增加动作的隐蔽性，使得对手更难预判你即将采取的击球策略，从而在战术上占据优势。

3.挥拍击球

在决定击球的瞬间，专注于球的后下部，通过增大球拍向后上方的倾斜角度来降低击球点，这样能让回球飞得更高。击球过程中，紧绷手腕并牢固握住球拍，如同从水中舀物一般，自球的后下方平滑地向上前方推送。需要注意的是，为了对球的高度进行控制，应适当延长球拍触球的时间。

4.随挥动作

完成击球后，球拍应顺势沿着球飞出的方向继续流畅挥动，完成随挥动作，直至力量自然耗尽，随挥动作在身体左侧结束。此时，身体应处于一种放松而自然的状态。

（六）放小球技术

1.准备动作和引拍

放小球技术在准备阶段与一般击球动作有相似之处，主要是为了迷惑对手，提高技术的隐蔽性。教学时指导学生参考击球技术的准备动作和引拍。

2.挥拍击球

在挥拍击球的过程中，小臂引领手腕，形成一个协调的向前下方挥动轨迹，这样的动作能够巧妙地削切过球的中下部，有效减少来球的冲击力。击球瞬间，手腕保持稳固，集中力量施加下旋，无论使用正手还是反手，都要确保视线始终聚焦于来球，以便精准控制击球点。

切削球时，前臂力量成为发力的核心，在球拍接触到球体下部的刹那，略微减缓挥拍速度，这有助于更好地控制球的轨迹和深度，仿佛是将球"推送"向预期的目标区域，而非单纯击打。

3.随挥动作

完成击球后，球拍应自然而然地沿着球飞出的方向继续流畅地完成随挥动作，这个过程不需要夸张地大幅度挥动，关键在于流畅和控制。一旦随挥结束，迅速将身体和球拍恢复到准备状态，为下一次击球做好准备。

第二节　高校网球战术教学指导

一、网球单打战术教学指导

（一）发球战术教学

1. 发球站位

发球的站位因所在区域的不同而不同。比如，发第一区时，站位要尽量靠近中点线，通过发直线球的方式将对方反拍封死；发第二区时，站位要稍微远离一些中点线，这样，能够在更大斜线的状况下发对方反拍区，从而有效扩大自己正拍防守的区域。

2. 第一次发球

在网球单打比赛中，第一次发球具有非常重大的意义，大力平击发球是最为常用的手段，这样能增大对方抵挡的难度，造成其接发球失误；除此之外，切削发球、上旋发球打落点的方法也是非常理想的选择，发至对方防守较差地区，也是较为有效的。

3. 第二次发球

在进行第二次发球时，一定要做到准确、力求凶狠、打落点，这是关键所在。一般情况下，第二次发球都是采取切削发球或上旋发球的手段来进行的。

4. 上网发球

通常，上网发球用到的往往为大力平击发球和上旋发球后上网两种打法。但用到较多的是后者，这主要是因为大力平击发球后会给对手快速反击的机会，不利于自身上网。

（二）接发球战术教学

1. 接发球站位

通常，对方可能把球发到角度的分角线上，这是接发球的理想站位。这并不是固定的，要根据实际情况进行适当调整。除此之外，为了在压制对手上网的同时为自己创造上网的机会，底线里边0.5米左右处是较为理想的站位。

2. 接发球击球方法

（1）通常，可以通过平击抽球的方式来回击球，球的落点以对方底线两角为好。

（2）借助旋转，使球旋向两边线外，从而使对手在两边疲于奔跑。

（3）借助切削球的打法，将球的落点定于近网两角的位置。

（4）借助挑高球的打法，将球挑过发球上网者头顶等。

3. 右区接发球的站位和落点

站位：底线偏右的位置较为理想。

落点：如果对方发球后仍留在端线处，那么，接发球的落点，图7-7所示的3个落点皆可。

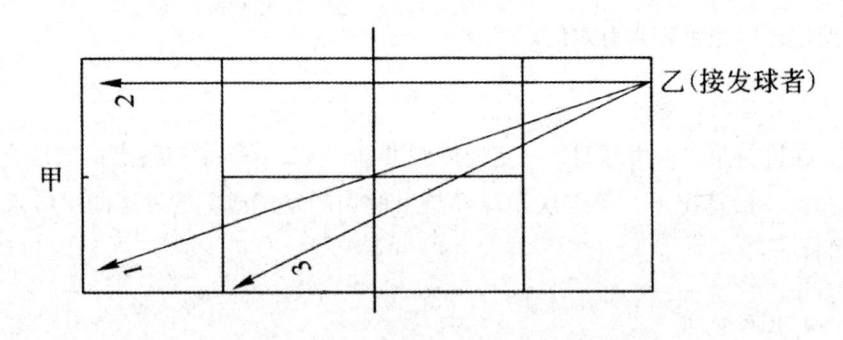

图7-7 右区接发球的落点

4. 左区接发球的站位和落点

理想的站位是，对方可能发出角度的分角线上，具体的位置在底线偏左。

接发球落点可以有三种可能，其中，第1落点为底线附近；第2落点为发球区附近；第3落点为底线（图7-8）。具体要根据斜线球来对优先的顺序加以排列。

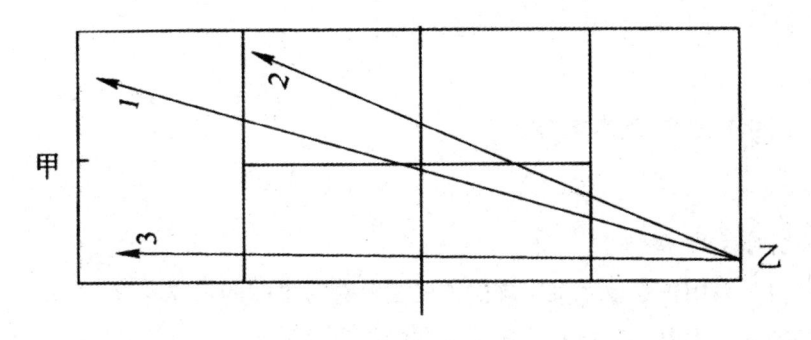

图7-8 左区接发球的落点

（三）上网战术教学

1.上网时机

第一次发球时，是最佳的上网时机。

2.上网站位

距离网2米左右的位置是最佳上网站位，具体要根据实际情况加以调整。比如，是近网的话，就应该将上网站位定于对方可能的击球角度的分角线上。

3.上网战术的运用

上网战术的运用是较为普遍的，尤其是随球上网，其运用的情况主要有以下几种。

（1）通过延缓上网法（反常上网法）的运用来对对手造成一定的威胁，将其压制于被动地位。

（2）在中场，通过准确且大力的击球或者在球的上升过程中击球的方式，压制对手，掌握主动权。

（3）通过快速上网，让对手来不及做出有效应对。

（4）要控制击出的网前球次数，控制在3次以内。

（5）斜线移动，保持平衡。

（6）要提高警惕，要尽可能洞察对手的意图。

（7）随时做好防止对手挑高球的准备。

（四）底线战术教学

1. 对攻战术

（1）采用正、反手抽击球的方式去针对对手的弱点发起攻击，要注意击球的速度、力量，从而达到压制对方的效果。

（2）用正、反手强有力地抽击球的方式，连续对对方的一个点进行压制，然后突然变换压制的点，达到出其不意的效果。

2. 调动对方战术

（1）通过正、反手有力击球的方式，来将对方调动起来，使其在大角度间进行跑动，在此过程中寻找进攻得分机会。

（2）在调动对方两边跑动时，突然连续打重复球，再加变线。

3. 拉攻战术

（1）采用正、反手拉强力上旋至对方底线两边大角深处的方法，占据主动权，切断对方上网及底线起板反击的机会，然后在此过程中寻找时机进行突击。

（2）正、反手拉上旋球时，加拉正、反手小斜线，迫使对方的跑动距离增加，回球质量下降，在此过程中伺机进攻。

（3）逼近对方反手深区，伺机突拉正手。

4. 紧逼战术

（1）接发球时就紧逼抢前进攻，不断压制对方，使其心理上产生压力，并且来不及准备下一次接球。

（2）连续压制对手反手，然后换正手进行突击进攻，伺机上网。

（3）对对方两角进行紧逼压制，使其处于被动地位，或使其回球直线下降，出现失误，再伺机上网。

5.防守反击战术

（1）如果对方发球上网进攻，可以用迎上借力击球的方式进行应对，要把球打到对方脚下或两边小角，然后准备第二板反击破网。

（2）如果对方采用的是底线紧逼进攻战术，那么就可以用底线正、反手上旋球至对方底线两边大角深处的方式加以应对，再伺机反击。

（3）如果对方随球上网进攻，应对的方式为提高底线破网第一板的成功率和突击性，以及破网的质量，伺机第二板破网反击。

二、网球双打战术教学指导

（一）发球局战术教学

1.双打发球局的站位

（1）常规站位

就是指异侧前后站位，具体又可以分为两种具体站位：右区发球的站位（图7-9）；左区发球的站位（图7-10）。

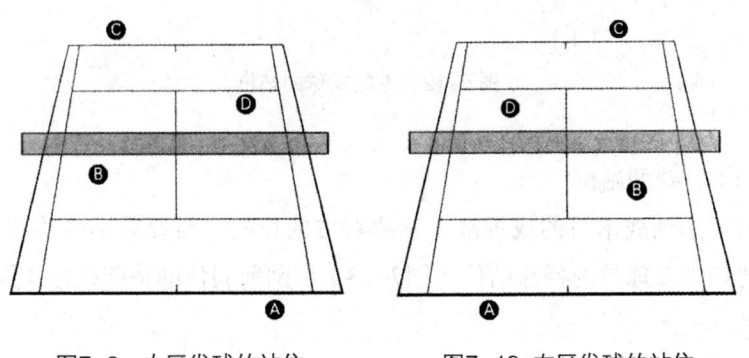

图7-9　右区发球的站位　　　　图7-10　左区发球的站位

(2)非常规站位

就是指同侧前后站位,这一站位也可以分为两种具体站位:右区发球的站位(图7-11);左区发球的站位(图7-12)。

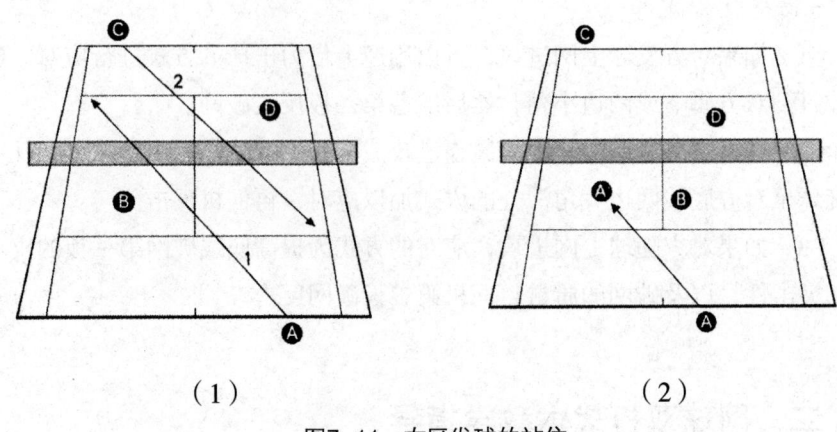

（1） （2）

图7-11 右区发球的站位

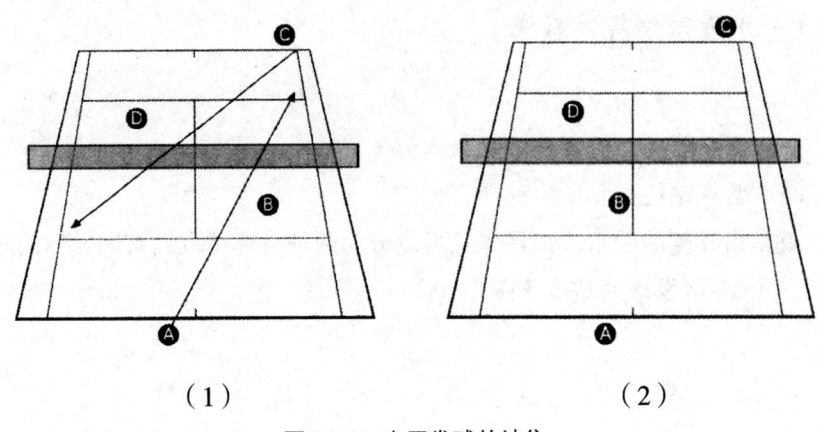

（1） （2）

图7-12 左区发球的站位

(3)特殊的站位

为了达到战术目的或扰乱、迷惑对方的目的,需要采用一些特殊的站位。比如,发球员的特殊站位(图7-13)和网前同伴的特殊站位(图7-14)这两种。

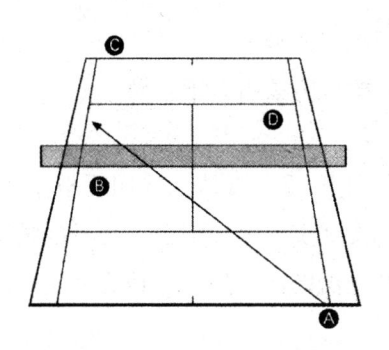

第七章 高校网球技战术教学与效果优化研究

图7-13 发球员的特殊站位

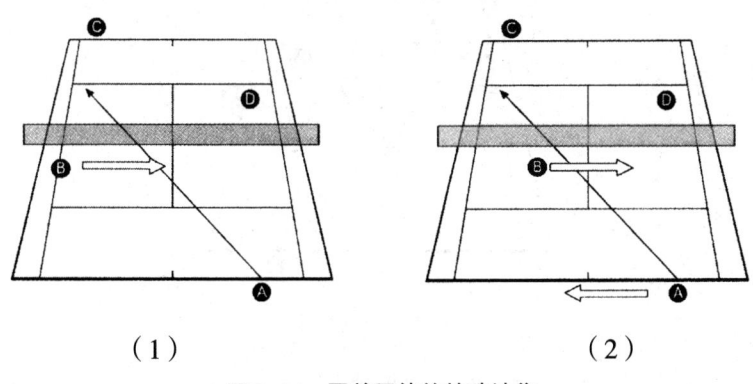

（1） （2）

图7-14 网前同伴的特殊站位

2. 发球局的双上网战术

（1）发球站位

一般来说，越靠近底线中点发向发球区的内角（即中路）越有利。与此相符的当属较为常见的发球站位及其调整，如图7-15所示。

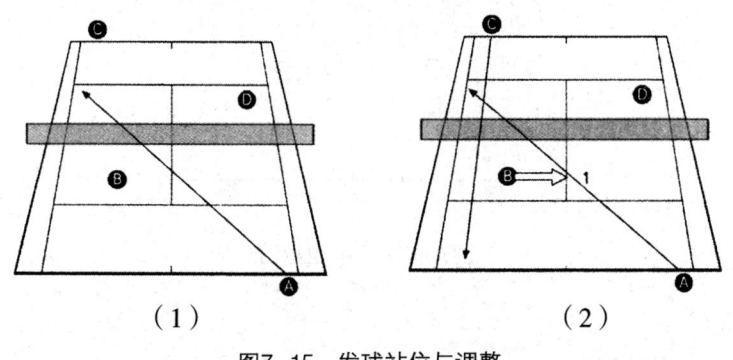

（1） （2）

图7-15 发球站位与调整

（2）发球局的抢网战术配合

发球局的抢网战术配合方式有以下三种。

①一般抢网

这种抢网方式的运用广泛，具体的运用要根据实际情况和需要加以调整。比如，网前队员与发球员的默契配合，对于抢截许多质量不高的接发球会有理想的效果，抢截攻击的落点如图7-16所示。

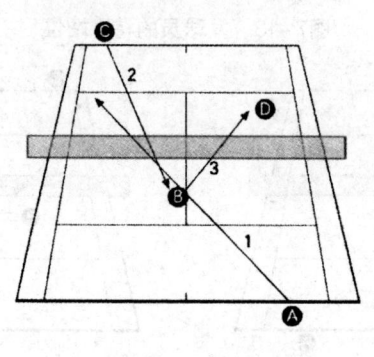

图7-16　一般抢网

②全换位抢网

全换位抢网，就是指网前队员抢网后与发球员交叉换位（图7-17）。

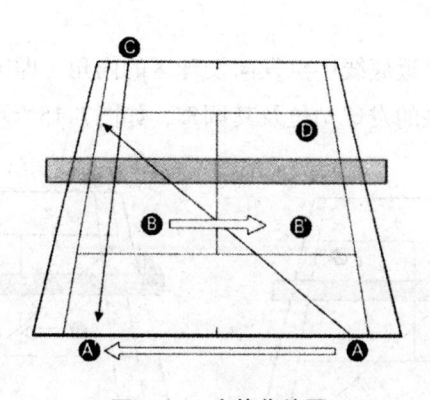

图7-17　全换位抢网

第七章 高校网球技战术教学与效果优化研究

③特殊站位抢网（图7-18）

这种特殊站位抢网的方式运用较少，但是，其运用效果非常理想，能够有效干扰接发球的质量。

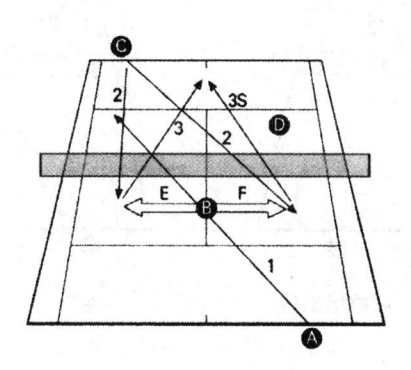

图7-18 特殊站位抢网

（3）发球局前后站位战术

发球局前后站位战术，即发球员的同伴在网前，发球员发球后不上网（图7-19），形成一前一后的阵势。其站位形式主要有以下四种。

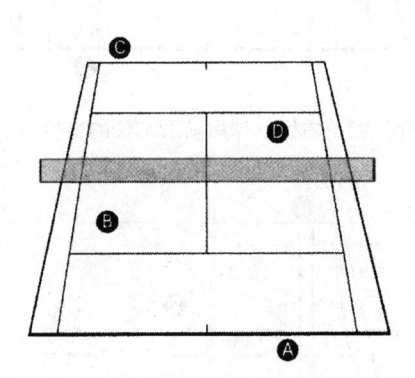

图7-19 发球员发球后不上网

①右区发球后前后站位（图7-20）。
②左区发球后前后站位（图7-21）。
③右区发球后前后站位的变换形式（图7-22）。

④左区发球后前后站位的变换形式（图7-23）。

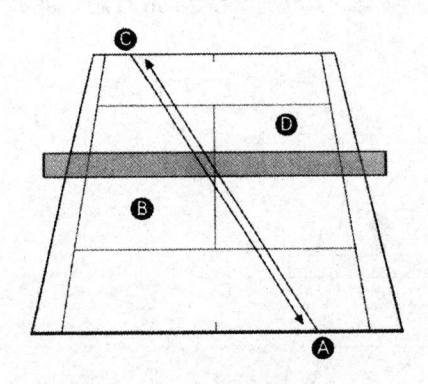

图7-20　右区发球后前后站位 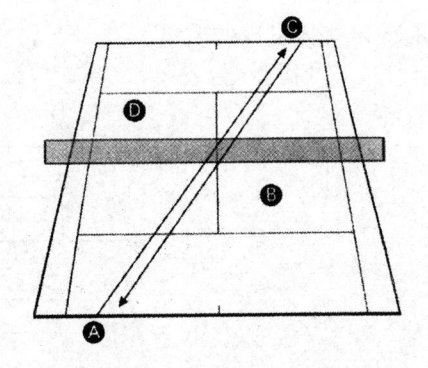　　　图7-21　左区发球后前后站位

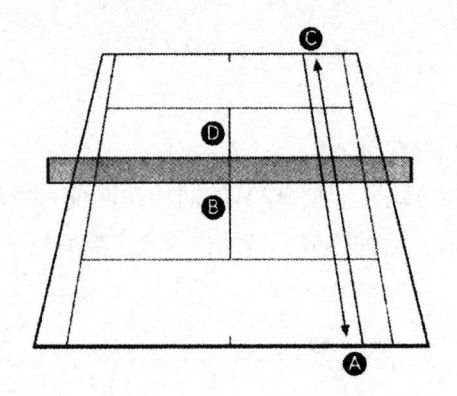

图7-22　右区发球后前后站位的变换形式

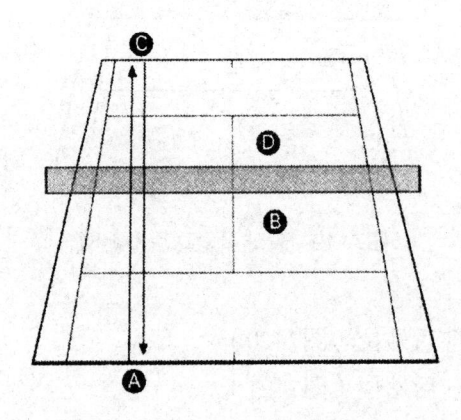

图7-23　左区发球后前后站位的变换形式

（二）接发球局战术教学

1. 双打接发球局的站位与配合
（1）双打接发球员的站位（图7-24）

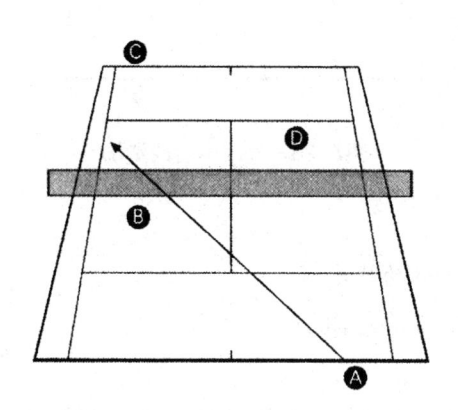

图7-24　双打接发球员的站位

（2）双打接发球局站位的配合

这种配合形式的站位有两种：双底线的站位（图7-25）；一后一前的站位（图7-26）。

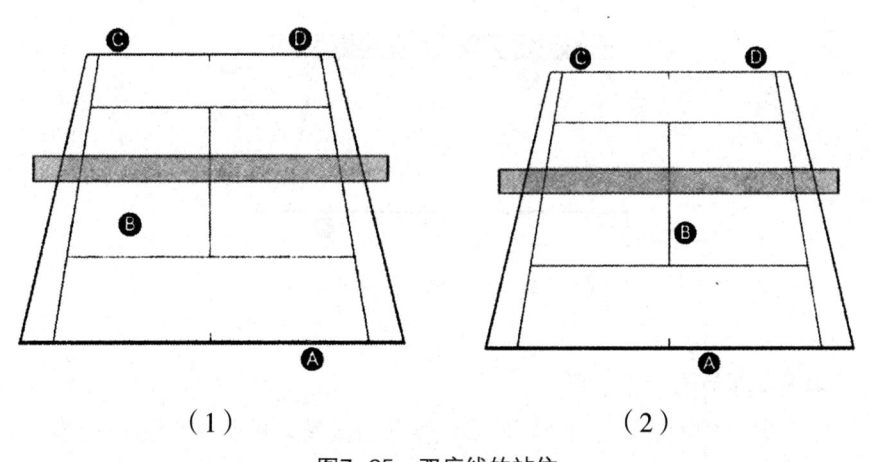

（1）　　　　　　　　　　　（2）

图7-25　双底线的站位

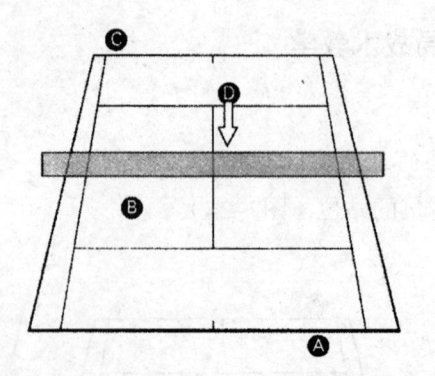

图7-26 一后一前的站位

2.试探性的接发球局战术
（1）前两个接发球局战术的运用
①接发球站位
可先采用习惯的常规站位，在接过对方第一和第二发球后，再调整成前后和左右站位。
②接发球员同伴的站位（图7-27）

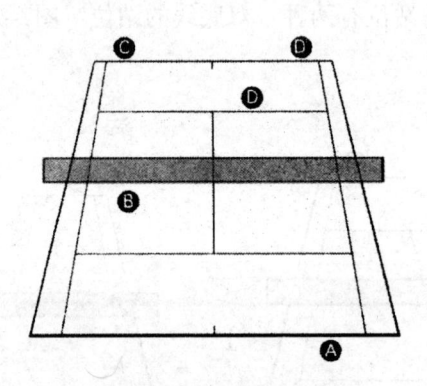

图7-27 接发球员同伴的站位

③接发球员的回击落点
接发球员的回击方法要涉及回击落点和接发球的打法两方面内容，其中，其回击落点如图7-28所示。

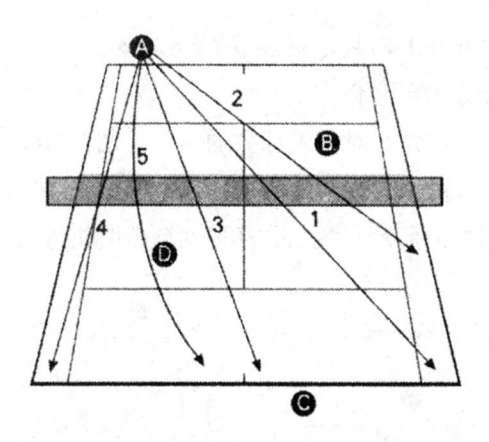

第七章 高校网球技战术教学与效果优化研究

图7-28 接发球员的回击落点

（2）观察对方发球局的战术

①发球方的站位

发球方的站位主要有两种：常规站位（图7-29）；非常规站位，包含同侧站位（即发球员与网前队员站在同侧）和特殊站位。

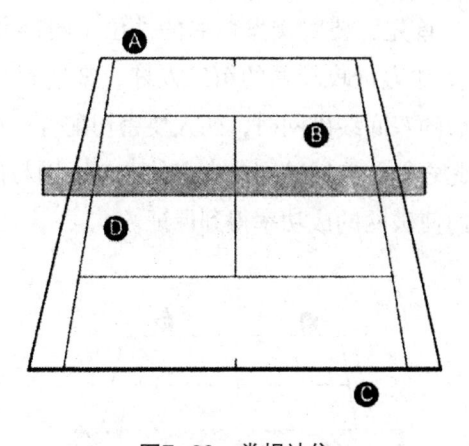

图7-29 常规站位

②发球后使用的战术

通常，发球后使用的战术有三种，即单上网战术、半双上网战术以及双上网战术，具体要根据实际情况灵活选用。

3.对发球方采用双上网战术的接发球局对策

（1）接发球局反抢的战术

在这一战术中，首先要对接发球方的站位（图7-30）加以注意；其次，注意回击的落点要准确。比如，接发球回击尽量利用双打的边区（两边比单打宽2.74米），如图7-31所示；最后，还要对反抢时机进行准确掌握。

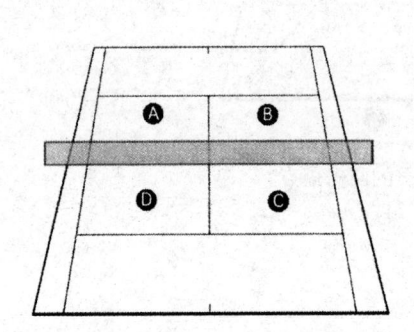

图7-30　接发球方的站位　　图7-31　利用双打边区保证回击落点准确

（2）接发球局采用双底线的战术

在这一战术中，首先，要对接发球局的站位（图7-32）加以注意；其次，在接发球时，要加力抢攻较弱的第二发球，来达到有效还击对手的目的；最后，接发球后的双底线破网时，两人要密切配合，在守住场地的同时将球回击过网，除此之外，连续破网攻击点的选择、网与挑高球的结合运用也要有所保证，从而使破网的成功率得到保证。

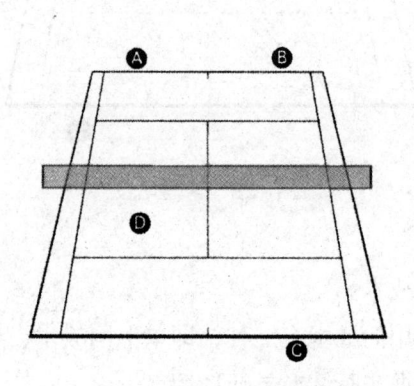

图7-32　接发球局的站位

第七章　高校网球技战术教学与效果优化研究

4.对发球方采用单上网战术的接发球局对策

（1）如图7-33所示，接发球员黑圈A接发球避开对方黑圈D的抢网回击至深区后，顺势上网至黑圈A1处，同伴黑圈B同时跟进至黑圈B1处，两人占据网前进攻的有利位置，使对方接发球员的同伴黑圈D被迫退至底线防守，放弃了网前的制高点，导致接发球的对方占据主动地位。

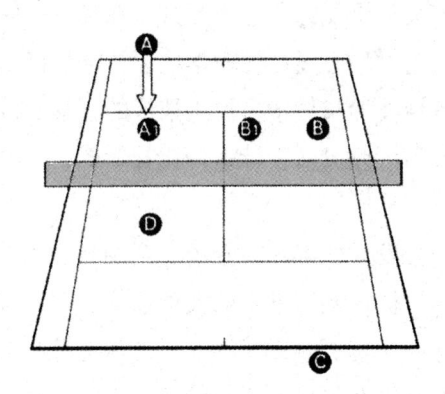

图7-33　对发球方采用单上网战术的接发球局对策一

（2）接球员黑圈A发现发球员黑圈C的正拍对角线的攻击力很强但反拍较差时，这时候需要采取的对策是直线高球过对方网前面队员黑圈D的头，从而迫使对方换位（图7-34）。

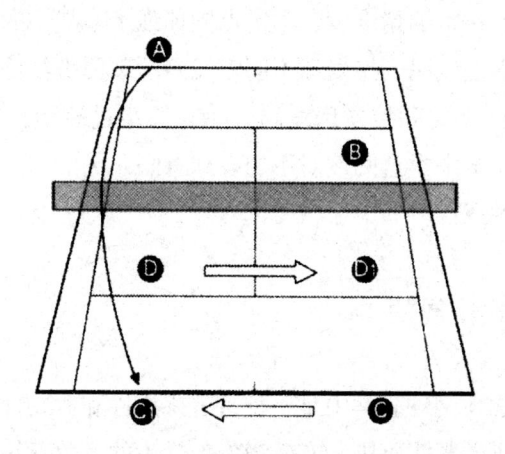

图7-34　对发球方采用单上网战术的接发球局对策二

三、培养与提高大学生网球战术运用能力的教学方法

（一）教学比赛法

教学比赛法是一种将技术和战术教学融入实际比赛情景的教学策略，它在网球教学中扮演着至关重要的角色，尤其是在提升大学生的技战术水平和战术运用能力方面。通过精心设计的教学比赛，学生能在接近实战的环境中学习和应用网球的各种技能与战术，促进技能的迁移和战术意识的形成。

具体实施时，教师可以灵活设计多种比赛形式，以适应不同的教学目标和学生能力水平。

结合发球或不结合发球的半场对全场、全场对全场的进攻及防守反击比赛：这种方式可以针对性地训练学生的发球技术、接发球反应速度、攻防转换能力。不结合发球的比赛更侧重于移动、击球选择与策略应用，而结合发球则进一步融入了发球策略与战术启动的训练。

定点破网或不定点破网的教学比赛：定点破网训练学生在特定位置对网前对手的攻击能力，而不定点则增加了练习的随机性和难度，促使学生在快速判断与反应中寻找破网机会，提升应变能力。

定点随球上网或不定点随球上网的教学比赛：这有助于学生掌握上网时机的判断，强化上网后的截击和高压球技术，同时培养网前的攻防转换意识。定点练习确保技术的精准度，不定点则加强了实战中的适应性。

发球上网的固定线路到接发球不固定线路的破网教学比赛：这种训练模式先从固定的发球上网和接发球线路开始，逐步过渡到接发球线路的多样化，促使学生在比赛中学会阅读对手的发球意图，灵活选择回球线路，增强比赛的策略性和挑战性。

（二）擂台式比赛法

擂台式比赛法在网球教学中是一种富有挑战性和激励性的教学模式，它通过模拟擂台比拼的紧张氛围，有效激发大学生的竞争意识，特别是在提升

他们处理比赛关键时刻球的能力方面作用显著。具体实施时，教师可以灵活设计比赛流程，以适应不同的教学目标和学生需求。

例如，可以在战术训练课程中预留30至40分钟，组织2至4名学生参与，每场比赛设置为2局或采用更紧凑的7分制以增加比赛的紧迫感。获胜者继续留在"擂台"，迎接下一个挑战者的对决，这种连续挑战的机制不仅考验学生的体能和技能，更考验其心理承受力和连续作战的能力。进一步地，为了针对性地解决学生在技术上的薄弱环节，教师可以根据学生的技术掌握情况，设立特定规则，如对使用特定技术（如发球、高压球或正反手制胜分等）成功得分的学生给予额外奖励分，反之，若在这些关键技术上失误则适当扣分。这样的设计能够有效聚焦学生的技术改进点，鼓励他们在实战中积极尝试和运用这些技术，从而在实战中加速技能的提升和巩固。

（三）检查比赛战术

在网球教学中，定期进行比赛战术检查是确保学生技能持续进步的重要环节。这不仅仅关乎技术的纯熟度，更在于战术运用的灵活性与针对性。例如，在每天或每周训练结束时，安排时间进行回顾总结，教师和学生共同参与，讨论当天或本周在技术训练和战术模拟中的亮点与不足。通过视频回放、学生自我反馈和同伴评价等方式，具体分析在实战模拟或比赛中出现的技术失误和战术应用不当之处。或者，在训练课程的结束部分，利用十几分钟时间进行小型比赛或特定情境模拟，如设置特定的比分落后或领先场景，要求学生在压力下运用所学技术与战术。这种"实战检验"能够直接反映出学生在实际比赛中可能遇到的问题，为调整接下来的练习提供依据。

（四）专门技术与战术比赛法

专门技术与战术比赛法在网球教学中对提升大学生的技战术能力具有重要意义，它将技术训练与实战应用紧密结合，旨在提升大学生在比赛中有效运用专项技术和战术的水平。具体实施策略如下：

（1）发球上网与接发球破网对抗比赛。通过模拟发球上网型选手与擅长接发球破网的对手之间对抗，学生能学习如何利用发球优势快速上网占据主动，同时提升接发球时的预判和反击能力。

（2）随球上网对破网比赛。这种比赛形式鼓励学生在击球后迅速向前移动至网前，利用截击和高压球技术，同时双方需掌握有效的破网策略，提升双方在网前的战术应对能力。

（3）底线紧逼进攻与防守比赛。强调底线相持中的攻防转换，学生需在底线位置上灵活运用各种击球技术，如强力抽球、削球变化等，以寻求进攻机会或稳固防守。

（4）底线左、中、右处的击球比赛。针对场地不同区域进行专门训练，强化学生在场上任意位置的击球稳定性和适应性，提升全面的场地覆盖能力。

（5）限定区域比赛。比如在场地内设定特定区域作为得分目标，要求学生精准控制落点，这不仅能提高击球的准确性，还能锻炼战术布局和区域控制能力。

（6）记分比赛。在特定技术或战术训练中加入正式比赛的计分制度，增加训练的紧张感和竞争性，使学生在压力下更好地掌握技术运用的时机。

（7）接第二发球随球上网对破网的比赛。重点训练学生在对手二发时的进攻意识和上网决策，以及如何应对这种突然的上网压力，增强比赛中的策略性和应变能力。

（8）三分之二场侧身正拍攻对全场的比赛。此练习强调侧身正拍的攻击性，同时要求对方在全场范围内防守和反击，有利于提升学生正拍进攻的威力和全面的防守能力。

第三节 高校网球技战术教学效果的优化与提升策略

一、重视网球技术基础训练

（一）加强徒手模仿练习

网球运动中的徒手模仿练习，是一种无需实际击球的训练方法，类似于篮球运动员在罚篮前进行的无球投篮动作预演。在网球练习中，选手闭合双眼亦可想象球的轨迹，依据正确技术要领，进行无球的挥拍动作模拟。这不仅要求动作的准确性，还强调在无球状态下保持动作的流畅与力度控制。随着练习的深入，徒手挥拍的速度可逐渐加快，旨在通过重复性的肌肉记忆训练，逐步深化对正确击球姿势的感受与掌握。该方法有助于在无外界干扰的情况下，专一地磨练技术细节，直至能够本能地做出标准的击球动作。

教师应积极倡导利用镜像反馈进行徒手挥拍练习，这是一种高效提升网球技能的策略。学生在宽大的镜子前进行无球挥拍，可以直观地观察自身动作的每一个细节，实现自我监控与即时调整。这种练习鼓励学生主动参与到动作正确性的评判与修正中，确保每一次挥拍都尽可能贴近标准，无论是初学者建立动作模式，还是进阶者修正既有错误，都极为有效。持续的镜前练习直至正确的挥拍动作被牢固掌握，不仅强化了肌肉记忆，还培养了学生独立纠错与自我提升的能力，为后续击球练习奠定了坚实的基础。

在网球截击技巧的学习初期，许多新手面临的一大挑战是挥拍路径过长，这往往导致动作不协调，影响击球精度与控制。为了克服这一难题，采用背靠墙练习的方法是一种行之有效的策略。该练习通过物理限制来缩短后摆距离，帮助练习者掌握紧凑、高效的截击动作。具体操作时，练习者背部紧贴墙面站立，这样的位置设定自然限制了球拍后摆的幅度，确保拍头在肩膀高度或以内完成回拉动作。这样一来，截击动作变得更简洁直接，有助于形成正确的拍面控制，确保每次击球都能精准有力。在没有实际来球的情况下，想象一个球飞来的路径，用一个迅速而准确的挥拍动作去"击打"这个假想的球。这样的练习不仅能够有效纠正错误的挥拍习惯，还能增强手腕与手臂的爆发力，提升对球拍的控制能力。这种练习的便利之处在于它不受场地限制，无论是在家中、宿舍，或是球场边的围栏旁，只要有足够的空间和一面墙，就能随时随地进行练习。

（二）提高抛球稳定性和击球稳定性

提升发球质量，关键在于稳定的抛球技巧。鉴于此，在高校网球教学中，可巧妙利用户外网球场周边的墙壁或围栏环境，为学生创造一个固定的参考线练习抛球。具体操作上，学生首先手持球拍指向预定方向，设定一条虚拟直线作为抛球的目标轨迹。通过反复抛球练习，力求每次抛球落点皆准确无误地落于该直线上，以此增强抛球的一致性和稳定性。一旦学生能在不挥拍的情况下持续稳定地将球抛至预定位置，即可逐步引入挥拍动作，但初期不接触球，仅通过增加挥拍节奏的变化来调节发球流程，确保抛球与挥拍动作的无缝衔接。练习时，抛球后允许球自由落地，观察并确认球的落点是否仍保持在线路上，以此作为检验抛球稳定性的直接反馈。

大学生欲提升击球控制力，关键在于实现球拍与手的完美融合，使之如同肢体延伸，随心所欲而不离不弃。这要求学生深入了解球拍特性，通过持续的练习，让球拍操控如同本能，无论何时何地，即使无球在场，也能凭借空拍动作深化肌肉记忆，为实战奠定坚实基础。面对场地不足的限制，学生可通过简单的拍球练习强化手眼协调能力，向空中或地面反复拍球，这不仅提升了控球稳定性，还锻炼了反应速度与精确度。通过记录连续拍球次数，也能无形中激发自我挑战的精神，同时，围绕双腿拍球练习能进一步增强大学生对球拍运动轨迹的感知与调控能力，深化对球体动态的把握。

为提升大学生网球击球的稳定性，可以通过设定击球次数目标来量化训练效果，这对于初学者尤为重要。初期，由于技术尚未成熟，可能仅能连续几次成功过网，但通过设定逐步递增的击球次数目标，如从最初的三四次无

第七章 高校网球技战术教学与效果优化研究

失误逐渐增加至数十乃至数百次，可以有效衡量与促进击球技术的稳定性提升。这一过程需结合体能训练，增强耐力，为技术的稳定发挥奠定基础。训练初期，专注于单一技术的精进是明智之举，如单独练习正手击球直至熟练掌握，随后过渡到反手击球的专项训练，待这两项基础技能稳固后，再将正反手结合进行综合练习。随着技能的进阶，逐步引入移动击球和多种技术组合的应用，模拟实战中的多样变化，提升综合能力。起初训练时，为了保证连续击球的顺畅，可采用易于对方回球的力度与落点，确保连续对打的持续进行，这有助于培养节奏感与控制力。随着技术的日臻完善，应逐步提高击球的攻击性与变化性，尝试通过精准的落点、力量和旋转变化来占据场上主动权，挑战对手。

（三）开展多球练习，提高技术水平

一开始进入网球领域的大学生，若期望短时间内娴熟掌握网球技巧，确实面临着一定的挑战。网球技能的习得依赖于持续且专注的练习。然而，实践中常遇到动作不稳定、配合缺乏连贯性等问题，如练习中频繁中断而去捡球，大大降低了练习效率。采用多球训练法能有效解决这一问题。该方法通过预先准备大量网球（如二三十个），由一位同学在网前负责连续供球，比如用手抛球至练习者的正手位，专注于正手击球的训练。这样，练习者可以全神贯注于技术动作的重复与优化，无需中断节奏去捡球，大大提高了训练的连续性和专注度。多球训练法不仅适用于正手击球，同样适用于发球、高压球、挑高球、正反拍击球、截击及落地球等多种技术的训练。此法不仅锻炼了学生的快速反应与适应能力，还显著提升了课堂练习的效率，使得学生能够在密集的击球练习中更快地掌握网球技术。

二、采用"模拟战术"训练法

模拟战术训练，旨在通过模拟实战中的步法移动和击球策略，强化网球技能。这种训练模式允许学生在无球条件下，依靠徒手练习，充分激活想

象，从发球开始，经由上网、回球等一连串动作，全面锻炼场上的移动能力。参与者需设想各种来球方向，比如发球后迅速向前移动并做出首次回击，随即敏捷地向左、右两侧移动，准备应对第二次回球，或是后退击球以深落点控制对手。正反手切换也是训练的重点，学生需在发球后执行正手击球，利用交叉步或平滑步迅速回中，再快速变向至反手位，完成反手击球。在这一过程中，步法训练非常重要，学生要运用奔跑、侧移和垫步等多种步法灵活应对场上的各种情况。技术动作的准确性同样不容忽视，每一次移动和挥拍都应力求精确。为了增强实战感，可以请同伴随机说出来球方向，要求练习者迅速做出反应并模拟击球，以此提升反应速度和决策能力。模拟战术训练不仅是一种高效的技能提升手段，还能极大地提升学生的学习兴趣，通过这种富有趣味性的训练方法，学生能够在享受网球乐趣的同时扎实地掌握网球技术，为日后的实战对抗打下坚实的基础。

三、培养大学生的网球战术素养

（一）加强网球专业知识学习

网球运动是一项集精湛技术与复杂战术于一体的体育项目，其背后蕴藏着一套成熟且精细的理论体系。比赛中的种种策略与应对，从直观感知到理性分析，无不体现出严密的逻辑思维过程。因此，在网球教学中，教师承担着传授网球基本理论知识的重要职责，教师需有计划、有目的地对专项意识、战术意识进行深入讲解，确保理论与实践相结合，理论指导实践，在实践中验证理论，从而加深学生对网球运动本质的理解与领悟。随着网球技术中进攻性打法的日益成熟，比赛对抗变得更加白热化。当今网坛，选手们的攻防技术均达到前所未有的高度，趋向于技术全面且拥有鲜明的个人特色。顶尖选手们能够熟练掌握并灵活运用多套攻防战术，标志着网球技术正向综合性与战术进攻性并重的方向快速发展。对此，教师要指导学生深入洞察网球运动的演变趋势，从而准确把握网球技术与战术的运用规律。

（二）组织观摩和比赛

在网球教学实践中，引导学生观摩国内外顶尖选手的实战比赛视频，是一种极佳的学习途径。通过细致观察这些优秀运动员的战术运用与赛场策略，学生能够汲取宝贵经验，拓宽战略视野，并逐步树立起正确的比赛思维方式。这一过程对提升学生的预判力、思维的敏捷度、逻辑推理及灵活应变能力大有裨益，为构建严谨而全面的战术理解框架打下坚实基础。

此外，积极创设实战机会，鼓励学生参与多样的比赛交流，尤其是与风格迥异的对手较量，对于积累实战经验、适应多元战术尤为重要。每场比赛后，及时进行详尽的复盘总结，既要表彰学生的亮点，增强他们的自信心，也要客观分析存在的缺陷，并给出具体可行的改进建议。

四、加强对网球双打战术技巧的传授

（一）了解和鼓励搭档

在网球双打的战术教学中，强调搭档间的默契与相互理解至关重要。教师应引导学生在日常训练及比赛中积极与搭档沟通交流，增进相互间的了解，不仅要熟知搭档的比赛策略，还要理解其性格特质，这是构建高效双打团队的基础。无论训练还是日常生活，鼓励学生投入时间加深伙伴间的默契，通过频繁的互动发现并欣赏彼此的优点，同时正视并接受各自的不足。

（二）充分利用并注意保护中路

在网球双打战术的讲授中，中路球的处理策略尤为关键，它往往是比赛胜负的转折点。教学中应强调，面对中路球的机会，球员需当机立断，毫不犹豫地将球击向对手两人之间的空档（结合部），以制造得分良机。同时，防守时要对中路保持高度警惕，避免因中路防守漏洞而轻易失分。为了有效应对中路来球，队伍内部需事先明确分工，决定由哪位球员主要负责拦截中路区域的来球,这样可以减少场上混乱,确保防守时的高效与协同。通过模拟训练和实战演练,加强球员对中路球的敏感度和反应速度,使得"成也中路,败也中路"的局面更多地转化为对己方有利的得分机会。

(三)移动要一致

在网球双打战术的实践教学环节,教师应当着重强调双打搭档间默契的同步移动。这一策略的核心在于确保两人在场上的位置移动是协同一致的,以此来最大化防守覆盖率并减少对手轻易得分的机会。当球向一侧场地飞去时,两位球员应同步向该方向移动,右侧球员主要负责封锁直线区域,左侧球员则需适时补位,确保中路不会暴露给对手。这一动态调整的过程要求双方球员始终保持高度的警觉与沟通,确保无论球落在哪个位置,都能迅速调整阵型,维持至少三分之二场地的有效防守,而那未被直接覆盖的三分之一区域,则需通过快速的移动和预判,来降低其成为对手攻击目标的风险。通过这样的训练,学生将学会如何通过紧密协作,利用有限的场地覆盖达到最佳的防守和反击效果,从而在比赛中占据主动。

(四)提高预判能力

网球比赛如同棋局对弈,不仅考验技巧与体能,更是一场策略与预判的较量。正如高手下棋会预判对手的布局与意图,双打选手也需要具备敏锐的赛场洞察力,通过观察对手的站位、准备动作及击球前的细微变化,提前预判来球方向与速度,从而迅速调整自身位置,占据更有利的击球点。对于大学生而言,提升预判能力并非一蹴而就,它需要大量的实战练习与比赛经验累积。每一次的练习与比赛,都是对比赛节奏感知、对手习惯理解以及自我策略调整的磨练。

在网球战术教学中要培养大学生对细节的观察力,如对手的击球准备姿势、拍面的微小倾斜,这些都能够透露出即将打出的球的类型与方向。同时,要培养大学生快速反应的能力,一旦捕捉到这些信号,便能提早启动,占据主动。此外,组织学生观看高水平双打比赛视频,学习他们如何通过非言语的交流、站位变换，以及对对手意图的准确解读，来决定自己的移动与击球方法，这也是提升大学生预判能力的有效途径。

（五）提高一发成功率

在双打网球策略中，提高一发成功率是至关重要的，因为它直接关联到你和搭档能否掌握比赛的主动权。减缓发球速度以确保更高的成功率，意味着你们有更多机会进行网前压制，减少对手反击的可能性。考虑到对手往往利用正手发起强劲攻势，策略性地将发球瞄准对方的反手区域，可以有效抑制对方的攻击性，特别是利用发球靠近边线的战术，这不仅能限制对手接发球的选择，降低他们打出威胁性斜线的可能性，还能保护你的搭档，减少发球失误直接给搭档带来困扰的情况。

（六）变换接发球方式

在网球双打战术的接发球教学环节，培养学生的多变性是关键。鼓励学生灵活运用各种接发球技术，如猛烈的抽击、平稳的推挡或是带有旋转的控制球，以此混淆对手的判断，使他们难以预测回球方向和深度，从而在心理和战术上占据主动。当对手采取发球上网策略时，教导学生将回球精准地打向对手脚下的位置，迫使对手从不利位置艰难挑高回球，这样增加了对手失误的概率，为本方占据比赛优势创造了条件。

（七）变换接发球位置

在网球双打接发球战术中，灵活多变的站位调整是迷惑对手、掌控比赛节奏的有效手段。这一策略要求接发球方在接发瞬间做出快速而隐蔽的位置变动，从而迫使对手难以准确预测回球方向，增加其心理压力和反应难度。具体实施时，接发球员可以先保持静止姿态，观察发球手的准备动作。一旦发球者将球抛起，即刻根据战术需要，迅速而隐蔽地调整自己的站位。对于右手持拍的选手，在平分区接发时，可突然向场地中央移动，这样不仅能够更好地覆盖中路来球，还能为反方向的斜线回球创造机会。相反，在接发球者判断对手可能发向边角时，可迅速向边线移动，利用正手的优势位置准备接发。这样不仅可以更有力地回击，还能有效压制对手的发球策略。

（八）控制住对方网前球员

在网球双打教学策略中，针对对手网前球员积极抢网的情况，可以教授学生采取一系列策略以有效应对并转守为攻。例如，强调使用具有侵略性的直线球或追身球策略，这要求学生具备精准的控球能力和对时机的敏锐把握。直线球直指对手两人的缝隙，迫使网前球员快速做出反应，而追身球则直接挑战其最不舒适的回球位置，两者均可能使对手在紧张的压力下打出质量较低的截击或直接失误。通过反复运用这种策略，可以逐步削弱对手网前球员的信心和积极性，使其在之后的比赛中抢网时更加谨慎，甚至犹豫不决，从而为我方创造更多的进攻机会。

参考文献

[1]孔斌，张振.普通高校体育选项课系列教程：网球[M].上海：复旦大学出版社，2024.

[2]杨桂志.高校网球文化建设探究[M].北京：中国戏剧出版社，2024.

[3]周光德，支玮.高校网球运动教学分析与创新[M].北京：中国纺织出版社，2022.

[4]赵婷婷.高校网球训练方法[M].长春：吉林科学技术出版社，2022.

[5]项馨，苏丽娜，陈枭阳.高校网球运动训练与管理研究[M].长春：东北师范大学出版社，2022.

[6]杜宾.高校网球运动教学理论分析与方法创新研究[M].长春：吉林大学出版社，2021.

[7]赵赟，李杰，洪琦瑛.高校网球教程[M].上海：东华大学出版社，2021.

[8]尤莉蓉.高校网球运动价值挖掘与大学生成长研究[M].北京：中国水利水电出版社，2017.

[9]陈建强，魏琳.网球教学与练习[M].上海：复旦大学出版社，2017.

[10]陈德志，陈祺.网球运动教程[M].广州：中山大学出版社，2017.

[11]胡柏平.普通高等学校体育专业统编教材网球运动教程[M].北京：高等教育出版社，2017.

[12]郭开强，蒲娟，张小娥.网球教学[M].北京：科学出版社，2016.

[13]王雯立. 基于核心素养的高校网球选修课教学改革路径研究[J]. 当代体育科技, 2023, 13（13）: 87-90, 144.

[14]张文艳. 论普通高等学校大学生网球核心素养的培育[J]. 文体用品与科技, 2018（13）: 96-97.

[15]万海波, 李恒, 王茹. 高校体育与学生发展核心素养研究[M]. 北京: 人民日报出版社, 2021.

[16]柳夕浪. 从"素质"到"核心素养"——关于"培养什么样的人"的进一步追问[J]. 教育科学研究, 2014（3）: 5-11.

[17]褚宏启. 核心素养的概念与本质[J]. 华东师范大学学报（教育科学版）, 2016（1）: 1-3.

[18]石鸥. 核心素养的课程与教学价值[J]. 华东师范大学学报（教育科学版）, 2016（1）: 9-11.

[19]尹志华. 体育学科核心素养的解构与阐释[M]. 上海: 华东师范大学出版社, 2021.

[20]付叶盛. 网球专项课课程思政元素挖掘与运用研究[D]. 武汉: 武汉体育学院, 2024.

[21]陈洋. 体育教育专业网球课课程思政研究[D]. 重庆: 重庆工商大学, 2022.

[22]宋时佳, 于科宇, 许燕明. 高校网球课程思政的育人内涵、面临问题与推进策略[J]. 佳木斯大学社会科学学报, 2023, 41（2）: 197-200.

[23]李雪, 张守忠, 高赫遥. 课程思政背景下高校网球教学策略研究[J]. 当代体育科技, 2024, 14（1）: 156-158.

[24]单甜甜. 课程思政融入高校网球教学实践研究[J]. 网球天地, 2023（10）: 82-84.

[25]李曙光. 快易网球教学理论在高校公共体育网球教学中的应用研究[D]. 昆明: 云南师范大学, 2020.

[26]卢河根. "快易网球"教学理念与方法在高校网球教学中的应用研究[D]. 石家庄: 河北师范大学, 2017.

[27]刘永刚. "快易网球"在黑龙江省高校网球教学中的可行性研究[D]. 哈尔滨: 哈尔滨体育学院, 2020.

[28]宋琳.青少年"快易网球"推广价值研究[D].长春:吉林体育学院,2018.

[29]周光德,支玮."快易"网球教学法在普通高校网球教学中的应用价值[J].体育科技文献通报,2021,29(1):53-56.

[30]周光德,支玮.高校网球运动教学分析与创新[M].北京:中国纺织出版社,2022.

[31]王晓洁,王安杨."互联网+"背景下高校网球教学改革研究[J].文体用品与科技,2022(16):100-101.

[32]白冰.互联网时代高校网球教学改革创新[J].当代体育科技,2021,11(6):89-91.

[33]蒲娟,刘霞.MOOC平台线上线下混合式教学模式在体育教育专业中的应用——以网球课程为例[J].江西开放大学学报,2023,25(4):35-42.

[34]宋锋,魏玉琴.微信平台在高校网球教学中的应用研究[J].内江科技,2023,44(7):52-54.

[35]李宁.线上线下混合式教学在体育院校网球专选课中的应用研究[D].济南:山东体育学院,2022.

[36]姬国雪.Sakai网络教学平台在普通高校网球教学中的应用研究[D].新乡:河南师范大学,2019.

[37]梁方梅.高校网球教学中学生网球技术水平提高策略[J].体育世界(学术版),2017(8):139-140.

[38]刘学忠."互联网+教育"读本[M].银川:宁夏人民教育出版社,2020.

[39]刘学忠,赵永涛.互联网+教育发展新范式[M].银川:宁夏人民教育出版社,2020.

[40]冯川.初中体育线上线下混合式教学模式研究[D].阜阳:阜阳师范大学,2022.

[41]许欣.基于混合式学习的课程设计与实践[D].银川:宁夏大学,2018.

[42]冉晓辉.陕西省普通高校网球教学现状及发展对策研究[D].延安:延安大学,2017.

[43]吴狄臻. 上海市部分普通高校网球教学开展现状研究[D]. 上海：上海体育学院，2014.

[44]淮琳卿. 晋南地区高校网球教学开展现状调查和影响因素研究[D]. 长春：吉林体育学院，2017.

[45]乔延宾. 新时代下高校网球教学现状、问题及革新途径[J]. 当代体育科技，2022，12（4）：157-161.

[46]曹金凤. 高校网球教学中学生网球技术水平提高策略[J]. 纳税，2018（16）：239.

[47]周大亮. 网球战术意识培养及方法[J]. 运动，2015（10）：25-26.

[48]张鹏飞. 网球战术意识培养及方法[J]. 品牌，2014（4）：73.

[49]李英豪. 西安地区高校校园网球文化研究[D]. 西安：西安体育学院，2014.